PENSÉES
QUOTIDIENNES

Photo de couverture : Getty images – Crocus (close-up)
Frank Krahmer

© Copyright 2007 réservé à S.A. Éditions Prosveta pour tous pays. Toutes reproductions, adaptation, représentation ou éditions quelconques ne sauraient être faites sans l'autorisation de l'auteur et des éditeurs. De même toutes copies privées, toute reproduction audio-visuelle ou par quelque moyen que ce soit ne peuvent être faites sans l'autorisation des auteurs et des éditeurs (Loi du 11 Mars 1957 révisée).

Éditions Prosveta S.A. – B.P.12 – 83601 Fréjus Cedex (France)
ISBN 978-2-85566-943-4

Omraam Mikhaël Aïvanhov

PENSÉES QUOTIDIENNES

2008

PROSVETA

« Chaque matin, avant d'entreprendre quoi que ce soit, recueillez-vous un moment afin d'introduire en vous la paix et l'harmonie, et de vous lier au Créateur en Lui consacrant, par la prière et la méditation, cette journée qui commence.

L'essentiel, c'est le commencement. C'est là, au commencement, que les forces nouvelles se déclenchent et s'orientent. Pour agir correctement, il faut toujours commencer par chercher la lumière. Quand il fait nuit, vous ne vous précipitez pas dans l'obscurité pour aller prendre un objet ou commencer un travail, mais vous allumez d'abord une lampe pour y voir, et ensuite vous agissez. Eh bien, pour n'importe quel cas dans la vie, vous avez tout d'abord besoin d'allumer la lumière, c'est-à-dire de vous concentrer, de vous recueillir, afin de savoir comment agir. Si vous n'avez pas cette lumière, vous irez à gauche, à droite, vous frapperez à plusieurs portes, et vous ne ferez rien de bon.

Toute la journée est inscrite dans la direction que vous donnez dès le matin à vos pensées. Car suivant que vous êtes attentif et vigilant ou non, vous déblayez le chemin ou, au contraire, vous l'encombrez de toutes sortes de choses inutiles ou même nocives. Le disciple de la Science initiatique sait comment il doit commencer la journée s'il veut qu'elle soit fructueuse, remplie de la grâce de Dieu, afin de pouvoir répandre cette grâce autour de lui sur toutes les créatures. Il sait qu'il doit avoir, dès le matin, une pensée fondamentale autour de laquelle graviteront, durant la journée, toutes ses autres pensées.

Si vous avez pour chaque jour un but précis, une orientation précise, un idéal à atteindre, toutes vos activités vont peu à peu s'ordonner, s'organiser et contribuer à la réalisation de cet idéal. Et même lorsque des pensées et des sentiments étrangers, négatifs, tenteront d'entrer en vous, ils seront détournés et mis au service du monde divin, ils seront obligés eux aussi d'aller dans la direction que vous avez vous-même choisi de prendre. Et c'est ainsi que, grâce à la pensée fondamentale que vous aurez placée dès le matin dans votre tête, dans votre cœur, vous pourrez inscrire cette journée dans le grand Livre de la Vie.

Et puisque tout s'inscrit, une fois que vous aurez vécu une journée splendide, une journée de vie éternelle, non seulement elle sera enregistrée, non seulement elle ne mourra pas, mais elle tâchera d'entraîner toutes les autres journées à sa suite pour qu'elles lui ressemblent. Essayez au moins de bien vivre une seule journée car c'est elle qui influencera les autres : elle va les inviter pour leur parler et les convaincre d'être comme elle, équilibrées, ordonnées, harmonieuses. »

Omraam Mikhaël Aïvanhov

Au premier jour de cette nouvelle année, je souhaite appeler sur vous toutes les bénédictions du Ciel.

Que votre corps soit sain et vigoureux ; que votre cœur se remplisse de pure joie spirituelle ; que votre intellect reçoive la véritable lumière pour éclairer votre chemin ; que votre âme devienne la conductrice de l'amour divin ; et que votre esprit, libre de toute entrave, échappe à toutes les prisons physiques et psychiques.

Je souhaite que vous restiez liés à la grande hiérarchie des entités célestes, afin de travailler avec elles à l'établissement du Royaume de Dieu sur la terre.

Je souhaite enfin que vous soyez capables de surmonter chaque obstacle qui se dressera devant vous, afin que chaque jour soit une occasion de glorifier le Créateur.

2 *Janvier*

Quelles que soient nos insuffisances apparentes, en réalité nous possédons tout ce dont nous avons besoin pour nous approcher chaque jour de la sainteté, cet état de pureté et de lumière qui est l'attribut de Dieu Lui-même, ainsi qu'il est dit dans l'*Apocalypse,* où les séraphins qui se tiennent devant son Trône ne cessent de répéter : *« Saint, saint, saint est le Seigneur... »* Mais Dieu nous a si complètement pourvus qu'Il nous a aussi donné des éléments qui vont contre la sainteté. Et ces éléments, nous devons travailler à les transformer, car c'est ainsi que nous atteindrons la sainteté véritable.

La sainteté est un état auquel on parvient en toute conscience. Quel avantage retirerions-nous de marcher dans la voie du bien comme un automate, sans savoir ni pourquoi ni comment nous avançons ? Pour apprécier la lumière, il faut avoir vaincu les ténèbres, car notre connaissance de la lumière s'enrichira de celle des ténèbres.

3 Janvier

Dans le plan physique, les êtres sont individualisés, séparés, et ce que vit chacun ne touche pas directement les autres. Votre souffrance ou votre joie n'est pas, apparemment, leur souffrance ou leur joie. Si vous vous obstinez à manger une nourriture indigeste, vous abîmez votre estomac, pas le leur. Mais en haut, dans les plans subtils, il n'y a plus aucune frontière entre les êtres, et tous vos états produisent des effets sur eux. Oui, car en haut, il n'existe qu'un être unique, l'Homme cosmique qui est la synthèse de tous les êtres.

Nous vivons dans l'Homme cosmique, nous-mêmes sommes cet Homme cosmique, et aucune créature n'existe en tant qu'entité séparée. Il en découle donc cette loi morale : nous ne pouvons faire aux autres ni bien ni mal sans nous faire à nous aussi ce bien et ce mal. En apparence, cela n'a pas tellement de sens ?… Eh bien, au contraire, cela a beaucoup de sens, car dans l'Homme cosmique nous sommes un.

4 Janvier

Vous aspirez à la paix intérieure ? Peu de choses sont aussi difficiles à obtenir. Mais travaillez sur l'idée d'aimer, de faire le bien, de pardonner et d'apporter partout l'harmonie… Il arrivera un moment où cette idée deviendra si puissante qu'elle imprégnera toutes vos cellules : elles commenceront à vibrer à l'unisson avec elle. C'est alors que peu à peu la paix s'insinuera en vous pour ne plus vous quitter.

Évidemment, la vie sur la terre est ainsi faite qu'il est impossible que, de temps à autre, des événements ne viennent pas vous troubler. Mais ils ne feront que quelques vagues à la surface ; en profondeur, vous sentirez que c'est toujours la paix qui règne en vous.

C'est chaque jour que vous devez consacrer votre vie au Ciel en disant : « Ô vous, Esprits sublimes, je ne crois qu'en vous, car vous seuls êtes fidèles et véridiques. Alors, je vous donne ma vie, disposez de moi, dirigez-moi, éclairez-moi, renforcez-moi, manifestez-vous à travers moi. »

Vous vous demandez de quelle façon vous pouvez donner votre vie au Ciel ? C'est très simple : en quittant le monde inférieur du désordre et des ténèbres pour entrer dans le monde supérieur de l'harmonie et de la lumière. Car on ne peut pas vivre en même temps dans les égouts et dans le Ciel, contrairement à ce que croient certains qui mènent une vie de débauche en s'imaginant que la Divinité vient tout de même se présenter à eux. Eh non, le Ciel est fermé pour ces gens-là ! Quand on se plonge dans certains états passionnels, on ne peut plus avoir accès aux régions célestes, elles sont fermées. Pour y être accepté, il faut se dégager, « mourir » dans le sens initiatique du terme. C'est cela, donner sa vie au Ciel.

6 Janvier

Partout dans l'univers l'amour se manifeste. Quand vous vous éveillez le matin et que vous ouvrez les yeux sur le monde, ne sentez-vous pas que vous recevez déjà de l'amour ? Toute cette vie du ciel et de la terre qui vient vers vous, c'est de l'amour, un amour qui jaillit de la Source divine. Remerciez et efforcez-vous de vous remplir de cet amour.

Le jour où vous aurez appris à recevoir l'amour, non seulement vous vous sentirez comblé, mais partout où vous irez, vous répandrez autour de vous cette richesse qui déborde. Et alors, comment ceux qui recevront cette richesse ne vous aimeraient-ils pas ? Ils vous aimeront, car vous ne demandez rien, vous donnez. Finirez-vous par accepter que seule cette façon de comprendre et de vivre l'amour vous apportera l'amour ?

Le progrès technique a rendu l'existence plus confortable, mais méfiez-vous du confort. Cette idée ne vous plaira peut-être pas, mais la vérité c'est que le confort paralyse l'intelligence, alors que l'inconfort la stimule, il stimule le besoin de création. La plupart des grands chefs-d'œuvre de l'humanité ont été créés dans l'inconfort. Et maintenant, direz-vous, on ne crée plus de chefs-d'œuvre ? Si ; seulement les chefs-d'œuvre de notre temps ne sont plus tellement des chefs-d'œuvre de l'art ou de la pensée, mais des appareils et des machines extrêmement sophistiqués, des chefs-d'œuvre de la technique. Les appareils, les machines, voilà les réalisations les plus remarquables de notre époque, et c'est vrai qu'elles forcent l'admiration. Mais ces réalisations tellement admirables sont en train de paralyser, de chloroformer l'être humain.

Nous sommes sur la terre pour nous développer. Et nous développer signifie exercer le pouvoir de l'esprit sur la matière : non seulement la matière qui est à l'extérieur de nous, mais surtout celle qui est en nous ; et nous ne saurons dominer intelligemment la matière extérieure que lorsque nous aurons appris à dominer d'abord notre matière intérieure, sinon nous serons écrasés.

8 Janvier

Combien de mystiques ont souffert de se sentir abandonnés par Dieu ! En réalité, Dieu ne les avait pas abandonnés, c'est eux qui n'avaient pas su garder la conscience de sa présence. Dieu ne nous abandonne jamais, c'est dans notre conscience que se produisent des changements. Bien sûr, il est difficile de maintenir en permanence la conviction, la sensation que nous sommes habités par la présence divine, mais c'est dans ce sens que nous devons travailler en faisant de tout notre être le temple de la Divinité. Oui, pas même un palais, mais un temple. Évidemment, c'est déjà bien si on arrive à en faire un palais, mais dans le palais il manque cet élément de sanctification que l'on trouve dans le temple.

Celui qui parvient à faire de lui-même un temple, Dieu entrera en lui et ne le quittera plus : la Divinité ne quitte pas le sanctuaire qui lui a été consacré et où on continue à lui rendre un culte dans la pureté et la lumière.

Nous respirons, et notre respiration est le reflet de l'immense respiration cosmique, la respiration de Dieu Lui-même. Dieu respire : Il inspire, Il expire… Il expire et c'est un univers nouveau qui apparaît. Il inspire et tout disparaît et se fond en Lui.

L'homme inspire et expire dix-huit fois par minute, tandis que l'inspiration et l'expiration cosmiques, sur combien de millions d'années elles se déroulent, il est impossible de le calculer. La vie des êtres commence avec la première inspiration et se termine avec la dernière expiration. Entre ces deux instants, l'existence n'est rien d'autre qu'une suite ininterrompue d'inspirations et d'expirations… Il nous appartient d'en approfondir la signification.

10 Janvier

La lumière est la matière de la création, et bien qu'elle soit diffusée partout dans l'espace et imprègne toute chose, les humains ne la voient pas, ils ne la sentent pas, parce qu'ils ne sont pas encore assez développés spirituellement pour percevoir une réalité aussi subtile, ils ont encore là tout un travail à faire. Celui qui prend l'habitude de se concentrer sur la lumière affine tellement ses perceptions que non seulement il commence à la sentir, mais il l'attire en lui.

Vous dites que vous ne savez pas sur quels sujets méditer ? Concentrez-vous sur la lumière, sentez que vous l'attirez, que vous l'introduisez en vous, et alors toutes les vieilles particules de votre corps seront peu à peu remplacées par de nouvelles particules pures, lumineuses. Ne cessez jamais de chercher la lumière qui peut seule rétablir en vous l'harmonie parfaite. En faisant cet exercice, vous travaillez à votre salut.

Seule l'expérience peut nous donner accès à la réalité du monde divin. Les livres que nous pourrons lire sur ce sujet nous feront entrevoir une lueur, une orientation, mais c'est insuffisant, il faut ensuite pouvoir aller s'instruire ailleurs, vivre quelque chose ailleurs. Ce voyage ailleurs, que les mystiques appellent l'extase, est une projection de l'être hors de son corps.

La véritable connaissance, celle qui devient en nous chair et os, ne s'acquiert véritablement que si nous parvenons à nous élever jusqu'à ces régions où la création et les créatures ont leur origine. Les grands fondateurs de religions ont reçu leur inspiration d'en haut. D'après la tradition, ce sont des archanges qui les ont instruits ; ainsi, il est dit que Métatron a instruit Moïse, l'archange Gabriel a instruit Mahomet, etc. Ce qui est une façon de dire que la vraie connaissance vient d'en haut et que c'est en haut qu'il faut aller la chercher. À tous ceux qui sont capables de s'élever jusqu'aux régions supérieures de la conscience, les mêmes vérités sont révélées ; les formes, les expressions sont différentes, mais les principes sont les mêmes.

12 Janvier

La lyre n'est pas uniquement cet instrument de musique qui, d'après une légende grecque, fut inventé par le dieu Hermès, elle est un symbole de l'être humain : chaque corde correspond à un de ses corps. Mais la plupart des humains se contentent de faire vibrer une seule corde : leur corps physique ; ils ne se préoccupent pas tellement des autres cordes, les corps astral, mental, causal, bouddhique, atmique ;* c'est pourquoi la musique qu'ils font entendre est tellement pauvre !

Les disciples d'une École initiatique étudient la nature et les propriétés de chaque corde, de chaque corps, et ils s'exercent à les développer. Ces exercices concernent la totalité de l'être ; ils supposent donc une nouvelle façon de vivre qui tient compte des moindres activités de la vie quotidienne, car le but est d'arriver à ce qu'il n'y ait plus aucune dissonance entre le corps physique, le cœur, l'intellect, la volonté, l'âme et l'esprit. Celui qui a compris le symbolisme profond de la lyre devient lui-même une lyre qui vibre à l'unisson avec le cosmos tout entier, et il est reçu parmi les fils du Ciel.

* Voir note et schéma, p. 376-377.

Il peut arriver à chacun de se sentir, intérieurement, comme s'il traversait des déserts arides : il n'a plus le goût ni le désir de quoi que ce soit, tout lui devient fade, étranger, vide. Cet état est le plus grave dans lequel un être humain puisse tomber. Le plus grave, ce n'est pas de subir des échecs, d'être malade, ruiné, mais de ne plus avoir d'amour, d'élan, de foi, de perdre le sens de la vie. Il faut donc penser à préparer en soi-même les éléments indispensables pour affronter ce genre de situations.

Chaque difficulté a une solution particulière ; cette solution peut être la lumière, ou la volonté, ou l'humilité, ou la pureté, ou l'amour… C'est pourquoi le disciple d'un Enseignement spirituel ne doit rien négliger, rien omettre, afin de triompher de tous les obstacles qui, à un moment ou à un autre, se trouveront sur son chemin. Si aujourd'hui il n'a pas besoin de certains éléments, ce n'est pas une raison pour ne pas essayer de les acquérir, car un jour ou l'autre ils lui seront nécessaires.

14 Janvier

Patrons de Civilisations

« Je suis le chemin, la vérité et la vie », disait Jésus. Pour interpréter correctement sa pensée, il faut ajuster ces trois mots afin de reconstituer un ensemble. Et comment ? Grâce à l'image du fleuve. À l'origine d'un fleuve il y a la source : c'est la vérité. De la source coule l'eau : c'est la vie. Et au fur et à mesure du temps, l'eau creuse son lit, le chemin.

Savez-vous pourquoi j'ai fondé ma philosophie sur les trois mots : amour, sagesse et vérité ? Parce qu'ils sont en relation avec les paroles de Jésus : *« Je suis le chemin, la vérité et la vie. »* À l'origine il y a donc la source (la vérité) ; de cette source coule la vie (l'amour) ; et le chemin qu'emprunte cette eau pour descendre, le lit du fleuve, c'est la sagesse. L'eau vient d'en haut, et elle descend pour nous vivifier. Mais pour la boire dans toute sa pureté, nous devons aller la chercher à la source. L'eau descend, mais nous ne recevons toutes ses bénédictions que si nous nous élevons, par la prière et la méditation, jusqu'à la Source divine.

15 Janvier

Combien de fois on entend dire : « Si Dieu existait, Il ne tolérerait pas qu'il se commette tant d'injustices. » Pour comprendre cette patience de Dieu, il ne faut jamais perdre de vue la loi de causes et de conséquences qui est un des fondements de la création. Nulle part il n'existe de causes sans conséquences, et chaque fait, chaque élément est la conséquence d'une cause. C'est seulement la brièveté de leur existence qui empêche les humains d'avoir une vue et une compréhension correctes des événements ; les causes et les conséquences leur échappent. Aussi sont-ils impatients.

La patience est une vertu qu'on acquiert grâce à la conscience de la durée. Tant qu'on ne possède pas cette conscience de la durée, on est impatient et on tire des conclusions prématurées en ne voyant partout qu'aberrations et injustices. Celui qui est capable de voir comment agit la loi de causes et de conséquences constate au contraire que tout est juste et que tout a un sens.

16 Janvier

La terre est le champ de toutes les réalisations. D'un côté, c'est très encourageant, mais c'est également très dangereux, puisque le mal comme le bien se réalise. Il existe des régions de l'univers où le mal n'a aucune prise, mais sur la terre tout a droit de réalisation, il faut le savoir. C'est pourquoi, devant tant de crimes qui se commettent, devant tant de malheurs qui frappent l'humanité, il est inutile de se demander : « Mais comment Dieu permet-Il des choses pareilles ? » Ce n'est pas une question de permission mais de nature des choses. Il en est ainsi parce que nous sommes sur la terre et que sur la terre le bien et le mal trouvent l'un et l'autre des conditions pour se réaliser.

Donc, pour le bien comme pour le mal nous devons développer la patience : patience pour supporter les agissements du mal qui nous font souffrir, et patience pour attendre la réalisation des bonnes choses que nous souhaitons et pour lesquelles nous travaillons.

Contrairement à l'opinion généralement répandue, pour avoir, il faut donner. C'est vrai que l'on ne peut pas donner si l'on ne possède pas déjà quelque chose, et on ne peut rien posséder si l'on n'a rien reçu. Mais la question est de savoir d'où et de qui on reçoit.

Or, au lieu d'aller puiser ce dont ils ont besoin dans le monde spirituel, la majorité des humains vont puiser chez d'autres humains, et c'est ainsi qu'ils leur prennent peu à peu ce qu'ils ont : non seulement leur argent et leurs possessions, mais aussi leurs forces, leurs idées, leurs sentiments… On peut même dire que les plus grands voleurs qui existent sont les amoureux ! Et comme partout, dans la poésie, les romans, au théâtre, au cinéma, il n'y a que des histoires d'amour, il n'y a donc que des histoires de voleurs : mais oui, c'est à qui réussira à voler le cœur, l'attention, le temps de l'autre. Observez, réfléchissez, et vous constaterez que, dans le plan psychique comme dans le plan physique, on ne voit que des vols.

18 Janvier

Nos connaissances sont de deux sortes : celles qui nous appartiennent en propre, parce que nous les avons réellement goûtées, vécues, et celles qui nous sont d'une certaine façon étrangères, parce qu'elles restent théoriques, livresques. Celui qui se contente de connaissances théoriques reviendra dans sa prochaine incarnation aussi ignorant et limité que s'il n'avait jamais rien appris. Tandis que le plus modeste, le plus effacé d'entre les hommes qui aura travaillé à mettre en pratique ce qu'il a appris dans le domaine des vertus, reviendra avec des facultés qui lui permettront de se manifester comme un être véritablement intelligent et sage.

Chaque connaissance que vous avez expérimentée, vécue, restera pour toujours en votre possession : quelle que soit la planète où vous irez habiter un jour, vous l'emporterez avec vous. Mais toutes vos connaissances théoriques, qui ne sont en réalité que des connaissances empruntées, s'effaceront et seront perdues pour vous.

En pensant à des membres de leur famille, ou à elles-mêmes pour plus tard, il arrive que des personnes me demandent s'il vaut mieux enterrer un mort ou bien l'incinérer. Il est difficile de répondre à cette question de façon catégorique.

Pour la majorité des humains l'enterrement est certainement préférable, parce que leur âme a besoin de beaucoup de temps pour quitter le corps physique : ils étaient tellement attachés aux possessions matérielles et aux plaisirs de la terre que leur âme reste là à errer autour de leur corps. Certains ne croyaient même pas à une vie après la mort, et alors maintenant ils ne comprennent pas où ils se trouvent. Il faut que des entités du monde invisible viennent les éclairer et les guider. Donc, si on brûle leur corps après leur mort, la brutale séparation de l'âme et du corps les laisse désorientés. Tandis qu'un être très spirituel, qui pendant toute sa vie a appris à se dégager de la matière, peut être incinéré : le feu l'aide à couper plus rapidement tous les liens avec le corps physique. Mais ceux qui procèdent à cette incinération doivent posséder certaines connaissances spirituelles, afin d'être conscients de ce qu'ils font. On ne brûle pas le corps d'un homme, même mort, comme on brûle un vieux meuble.

20 *Janvier*

Les rites prescrits par les religions ne sont que des formes. Ces formes sont évidemment utiles, mais seulement dans la mesure où le croyant est capable de les animer, d'y mettre un contenu.

Pour les chrétiens le rite le plus important est la communion. Mais recevoir l'hostie et le vin ne peut être bénéfique pour eux que s'ils ont appris à communier avec le Créateur d'une façon plus vaste, plus profonde, à travers les actes les plus simples de la vie quotidienne : manger, boire, marcher, respirer, regarder, écouter, dormir, aimer, travailler… Mais oui, lorsque nous respirons, lorsque nous dormons, lorsque nous contemplons la nature, les montagnes, la mer, le soleil, les étoiles… nous pouvons vivre des états de conscience magnifiques qui sont une communion. C'est même cette communion qui donne ensuite un sens à la communion des chrétiens.

Ni la terre ni notre corps physique ne sont des demeures que nous habiterons pour l'éternité. C'est pourquoi, dans notre vie psychique, dans notre vie spirituelle, nous ne devons jamais nous incliner devant les conditions matérielles, mais chercher toujours les moyens de faire triompher l'esprit. La matière, avec toutes les oppositions qu'elle nous présente, nous est donnée comme stimulant pour l'esprit; et par « matière » il faut entendre non seulement le monde physique, mais également le monde psychique qui est aussi une matière ; une matière moins opaque que celle du monde physique, mais une matière tout de même.

Alors, ne dites plus : « Je ne peux rien faire, vous voyez bien tous ces empêchements, ces obstacles ! » En constatant cette réalité vous croyez qu'elle vous donne raison, puisque c'est la réalité ; mais il existe d'autres raisons qui vous échappent. Vous capitulez devant une raison matérielle, objective. Mais si vous savez comment agir, c'est une autre raison, tout aussi évidente, qui aura le dernier mot : la Raison divine.

22 Janvier

Les alchimistes ont présenté la préparation de la pierre philosophale comme « travail de femme et jeu d'enfant ». Il faut comprendre qu'il s'agit là d'un jeu et d'un travail bien déterminés, en relation avec le rôle et la vocation des deux principes masculin et féminin. Le vrai travail de la femme est celui que l'homme ne peut pas faire : porter et mettre des enfants au monde. Tandis que le « jeu d'enfant » est l'exclusivité de l'homme : c'est à lui de « jouer » afin de donner à la femme ce germe qu'elle portera et amènera à maturité.

Celui qui veut percer le secret de la pierre philosophale doit donc connaître les éléments et les processus qui entrent en action lorsque l'homme et la femme conçoivent un enfant ; et ensuite, lorsque l'enfant est conçu, comment il se forme dans le sein de la mère. La préparation de la pierre philosophale obéit aux mêmes lois que la conception et la gestation, parce que ce sont les mêmes lois qui régissent les différents règnes de la création.

23 *Janvier*

Pourquoi est-il si difficile pour les humains de vivre ensemble ? Parce qu'ils n'ont aucune attention les uns pour les autres, aucun respect. C'est pourquoi la vie collective est une occasion magnifique de se développer et d'élargir sa conscience. Celui qui mène une vie solitaire peut être égoïste, capricieux, il n'y a personne pour qui il doive faire l'effort de surveiller et d'améliorer sa conduite. Mais qu'il commence à avoir affaire aux autres, alors là, quels efforts !

Le signe de l'évolution d'un être humain, c'est la conscience qu'il possède d'appartenir à un ensemble beaucoup plus vaste que lui, dont il veille à ne pas troubler l'harmonie par son activité, ses pensées, ses sentiments, son bruit intérieur. Vous direz : « Comment, le bruit intérieur ? » Oui, tout bruit est le résultat d'une dissonance, et le bruit que nous faisons intérieurement avec nos sentiments, nos tourments, nos révoltes, trouble l'atmosphère psychique. Celui qui fait ce bruit ne sait pas que c'est à lui-même aussi qu'il fait du mal, car un jour ce bruit apparaîtra en lui sous la forme de troubles psychiques ou même physiques.

24 *Janvier*

Les quelques minutes de prière et de méditation avant les repas créent les conditions pour que la nutrition devienne un acte sacré. Alors, pourquoi même les chrétiens perdent-ils peu à peu cette habitude ?… Mais chrétiens ou pas, essayez de comprendre qu'il est important de vous recueillir un moment avant de manger, afin de prendre conscience de l'importance des gestes que vous allez faire, et ainsi de pouvoir les maîtriser tout au long du repas.

La maîtrise des gestes est une des conditions pour la maîtrise des pensées et des sentiments. Alors, avant chaque repas, gardez le silence pendant quelques secondes, pénétrez-vous de l'importance de cet acte de manger si indispensable à la vie, considérez la nourriture avec respect : vous mettrez dans vos gestes une souplesse, une harmonie, une douceur, un amour extraordinaires qui se refléteront sur vous. Et ensuite vous vous acquitterez de vos tâches quotidiennes avec tellement plus de facilité !

Vous ne cessez de rencontrer des hommes et des femmes malheureux, angoissés. Quels moyens avez-vous pour les aider ? Vous allez compatir, souffrir avec eux… Mais même s'ils sont touchés de voir que vous ne restez pas indifférent à leurs malheurs, qu'est-ce que votre compassion va réellement leur apporter ?

Vous ne pouvez aider les êtres que si vous vous habituez à aller chaque jour dans un pays où abondent les richesses, c'est-à-dire l'amour, la lumière, la joie. Et ce pays, c'est le monde divin. Comment des êtres pauvres, inquiets, sans joie, peuvent-ils soutenir les autres ? C'est auprès de Dieu que vous devez aller pour trouver toutes les nourritures du cœur et de l'âme ; vous pourrez ensuite les distribuer autour de vous et, par votre exemple, vous apprendrez aux autres à faire de même.

26 *Janvier*

Dans la famille, dans la société, chacun doit exercer des fonctions, jouer des rôles en étant conscient de ses responsabilités. Mais, en même temps, il ne doit jamais oublier que tout est passager en ce monde et que ces rôles ne sont que des exercices que l'Intelligence cosmique a prévus pour les humains afin de les pousser à se perfectionner. En ce sens, on peut dire que la terre est en même temps une école et la scène d'un théâtre. Il faut faire les exercices avec application, le mieux possible mais, cependant, ne pas prendre son rôle trop au sérieux, c'est-à-dire ne pas s'y accrocher comme s'il n'existait rien de plus important et que cette situation doive durer éternellement.

Que dirait-on d'un acteur qui, sortant de scène, continuerait à se prendre pour le roi Lear, l'Aiglon ou Shéhérazade ?… Eh bien, c'est ce qu'ont tendance à faire les humains, surtout ceux qui ont des postes honorifiques : ils s'identifient à leur fonction, ils oublient qu'ils sont sur la scène pour très peu de temps. Les Initiés, eux, ne l'oublient jamais. Ils sont conscients du caractère éphémère de leur passage sur la terre et du rôle qu'ils ont à y jouer, c'est pourquoi ils agissent toujours avec lucidité, mesure et désintéressement.

Par la méditation et la prière nous apprenons à communier avec les régions supérieures, à projeter vers le Ciel la partie la plus subtile de notre âme, pour qu'à son retour elle nous rapporte des éléments nouveaux, plus spirituels, que nous ne possédions pas. Ainsi, au lieu de répéter éternellement les mêmes fautes, les mêmes comportements erronés ou la même médiocrité, nous arriverons à nous dépasser.

Si les animaux évoluent très peu, c'est parce qu'ils sont privés de cette faculté de projection que possèdent les humains. Depuis des milliers d'années ils se reproduisent toujours identiques à eux-mêmes, et s'ils évoluent, c'est surtout grâce à leur contact avec l'homme. Tandis que l'être humain, qui a le pouvoir de se projeter dans les régions divines, attire à lui des éléments plus purs, plus lumineux, et c'est ainsi qu'il arrive à se dépasser, à se créer lui-même, à réaliser des œuvres grandioses. On appelle cela l'évolution.

28 Janvier

Ne vous engagez pas dans une relation sur un simple mouvement de sympathie, ou alors, si vous le faites, sachez ce qui vous attend. Car il ne servira à rien d'aller ensuite vous plaindre partout de telle ou telle personne en disant : « Elle m'a déçu… elle m'a trompé… Je ne la croyais pas capable de me faire ça. »

Vous voulez aimer et être aimé ? C'est tellement normal ! Mais sachez au moins comment choisir vos relations et, surtout, comment les conserver. Et pour les conserver, faites particulièrement attention à ce que vous dites. Parfois quelques paroles négatives suffisent à détruire des années de bonne entente. Veillez scrupuleusement aux moindres mots que vous prononcez, car chacun de ces mots laisse des traces.

Vous vous êtes habitué à subir vos états intérieurs, même les plus négatifs. Pourquoi ?... Quand vous ressentez un malaise psychique, concentrez votre pensée sur lui, pénétrez-le par la lumière et la chaleur. C'est ainsi que vous arriverez à harmoniser les particules de vos corps astral et mental*, et après quelques minutes, vous constaterez une amélioration.

La pensée est une puissance encore inconnue, mais pour obtenir des résultats, exercez-vous à la concentrer afin qu'elle pénètre dans votre organisme psychique où elle neutralisera les éléments négatifs. La concentration de la pensée : voilà une des grandes règles de la vie spirituelle ; mettez-la en pratique et vous découvrirez son efficacité.

* Voir note et schéma, p. 376-377.

30 Janvier

« *Soyez parfaits comme votre Père céleste est parfait* » : il y a deux mille ans que Jésus a prononcé cette phrase, mais est-ce que les chrétiens ont vraiment cherché à réaliser un peu de cette perfection de leur Père céleste ? Ils se montrent toujours cupides, faibles, jaloux, rancuniers, coléreux, sensuels… C'est donc que l'enseignement qu'on leur a donné depuis est insuffisant pour les transformer, ils ont besoin de quelque chose de plus. Certains diront : « Mais comment ? Nous avons tout, tout est dans les Évangiles ! » Oui, c'est entendu, mais est-ce que vous avez compris les Évangiles ? Est-ce qu'on vous a montré la profondeur des vérités qu'ils contiennent ? Non, on s'est contenté d'en prendre quelques bribes qu'on n'a d'ailleurs souvent pas su interpréter correctement.

Il y a tout dans les Évangiles, c'est vrai, mais c'est dans la tête des chrétiens qu'il n'y a pas grand-chose, car ils n'ont reçu ni les explications ni les méthodes pour les appliquer.

31 Janvier

Parce qu'ils n'y connaissent pas grand-chose, la majorité des gens croient qu'on peut dire à peu près n'importe quoi sur la spiritualité et les spiritualistes. Eh non ! Quelqu'un qui n'a aucune lumière sur le visage, c'est clair : il est spirituellement sous-alimenté parce qu'il n'a pas su dans quel restaurant intérieur il devait aller se nourrir. Vous direz : « Oui, mais s'il prie, s'il médite, s'il est honnête, charitable, modeste, s'il est fidèle à sa femme… » Il peut être tout cela, mais si aucune clarté n'émane de lui, c'est qu'intérieurement il ne sait pas se nourrir. Comment se fait-il qu'il n'apparaisse rien sur lui de toutes ses vertus ?

Mais voilà que je rencontre un être rayonnant. Quoi qu'on me dise à son sujet, je pense : « Celui-là, il a le secret de la vie spirituelle, et je veux apprendre de lui ce secret, car il est un soleil, une source qui jaillit ! »

Apprenez à apprécier une vérité pour elle-même sans vous arrêter sur les titres et le rang de celui qui vous parle. Car chaque vérité a sa valeur propre, et elle la conserve, quelle que soit la bouche qui la profère ; comme une pièce d'or reste de l'or quelle que soit la poche où elle se trouve. Évidemment, si vous recevez une pièce d'or de la main d'un roi, elle prend pour vous une valeur spéciale, car cela touche votre vanité. Elle ne contient pas un milligramme d'or de plus, mais vous pouvez dire : « C'est le roi qui me l'a donnée ! » Et il se peut que vous puissiez la vendre plus cher, comme se vendent plus cher les objets et les meubles qui ont appartenu à des personnages illustres. Mais cela n'est que du snobisme.

Une vérité, qu'elle soit scientifique, philosophique ou spirituelle, a sa valeur propre. Si vous êtes assez évolué pour ne pas vous arrêter à la forme, vous saurez prêter la même attention à la vérité que vous dit un inconnu qu'à celle que vous dit une célébrité.

Vous prenez un morceau de soufre : il est dur, solide. Maintenant, chauffez-le : il devient mou, presque liquide. Mais si vous continuez à le chauffer, il durcit à nouveau. Une substance qui, après s'être ramollie, redevient solide sous l'effet de la chaleur, c'est là un cas exceptionnel dans la chimie et il est intéressant de chercher à quoi correspond ce phénomène dans notre vie psychique.

Dans la science alchimique, le soufre et le mercure représentent les deux principes masculin et féminin, donc l'intellect et le cœur. Eh bien, dans les transformations du soufre sous l'effet de la chaleur, on peut voir les différentes phases par lesquelles passe l'intellect humain confronté à la question de la religion et de la foi. Un homme dont l'intellect est peu développé croit dur comme fer tout ce qu'on lui enseigne sur la religion, il a ce qu'on appelle « la foi du charbonnier ». Mais voici qu'il commence à s'instruire, il développe son esprit critique, alors peu à peu le doute s'insinue en lui, ses convictions mollissent, il perd la foi. Mais s'il continue à s'instruire, à approfondir, il retrouve la foi, la vraie foi, une foi inébranlable qui est fondée sur un savoir.

3 Février

L'homme est sur la terre pour travailler ; et quand je dis travailler, cela signifie d'abord travailler sur lui-même, faire des efforts afin de se dépasser, de se surpasser. Bien sûr, on voit chaque jour les gens aller au travail, mais les efforts qu'ils font ont surtout pour but d'assurer leur subsistance, leur bien-être, leur sécurité matérielle. Pour le travail de la pensée qui les rendrait maîtres de toutes les situations, ils ne sont pas tellement prêts. Ils comptent sur une existence facile où il ne leur arrivera rien de pénible ou de fâcheux : le Seigneur Lui-même doit les protéger, leur donner la tranquillité, la santé ; c'est même pour cela qu'ils Lui adressent des prières. Quant aux incroyants, c'est de la société qu'ils attendent protection et secours.

Eh bien non, les humains doivent savoir qu'ils ne seront jamais totalement à l'abri et protégés. Ils sont sur la terre pour apprendre, pour se développer, et les difficultés, les épreuves sont là justement pour les y obliger, ils ne peuvent pas y échapper. Alors, au lieu de courir à droite et à gauche pour exiger, protester et se plaindre, chacun doit faire un travail intérieur, car c'est en lui-même qu'il trouvera d'abord les remèdes, les consolations et l'espoir.

4 Février

Le moment est venu pour que les croyants de toutes les religions cessent de s'affronter en brandissant leurs Livres sacrés comme seuls et uniques dépositaires de la parole de Dieu. Car c'est faux, oui, faux et ridicule, et la véritable foi ne gagne rien à ces querelles. Pourquoi continuer à raconter aux croyants de toutes les religions que c'est Dieu Lui-même qui a parlé aux prophètes et que les textes dits sacrés ne contiennent que des vérités éternelles ? Tous les Livres sacrés ne sont encore que des bribes, des copies incomplètes et imparfaites du seul grand Livre véritablement écrit par Dieu : l'univers, c'est-à-dire aussi l'être humain créé à l'image de l'univers.

Certains vont crier au sacrilège, à l'hérésie. Eh bien, qu'ils crient à tout ce qu'ils veulent. Il n'y a que les ignorants qui peuvent être indignés, car ils ne savent pas comment le Créateur a pensé l'univers et l'homme. Même inspirés par le Ciel – et il est certain qu'ils ont été inspirés par le Ciel – les Livres sacrés ne contiennent pas uniquement des vérités irréfutables et définitives.

Même s'ils ne peuvent pas tout à fait l'ignorer, il vaut mieux que les enfants de familles très riches ne connaissent pas l'étendue de la fortune dont ils hériteront un jour. Des enfants qui comptent sur leur futur héritage se croient naturellement dispensés de faire des efforts et d'apprendre à se débrouiller seuls. Ils deviennent paresseux, désœuvrés, capricieux. Et voilà comment la fortune des parents cause la ruine morale des enfants. Que les parents laissent donc le plus possible leurs enfants dans l'ignorance de l'héritage qui les attend. Quand ils auront pris de bonnes habitudes de travail, de maîtrise de soi, alors là, oui, il sera sans danger pour eux d'en prendre connaissance.

De quelle façon le Seigneur agit-Il avec les humains ? Comme il est le plus grand éducateur, le plus grand pédagogue, Il ne leur montre pas tout de suite l'héritage qui les attend, en haut, dans les demeures célestes. Alors, puisqu'ils se croient pauvres et misérables, ils travaillent, ils peinent. Et quand, enfin, après des souffrances et des larmes, ils se montreront dignes de leur héritage, leur Père céleste leur montrera tous les trésors qu'Il a entassés pour eux.

Il en est du monde invisible comme du monde visible : il est habité par certaines créatures extrêmement évoluées, des entités lumineuses, pures et véridiques, mais aussi par d'autres qui sont portées à tromper les humains, afin de leur nuire. Malheureusement, ce sont souvent ces dernières qui se présentent lors des séances de spiritisme ou de tables tournantes. Mais oui : comment peut-on s'imaginer que les plus hautes entités vont répondre à l'appel du premier venu qui se prétend médium, ou vont se déranger pour satisfaire la curiosité et les convoitises des participants ?

Bien sûr, on est libre de se nourrir d'illusions, mais la vérité est là : les entités qui répondent aux demandes des médiums sont souvent des larves du plan astral inférieur, des élémentaux, et non celles qu'ils croient appeler. Vous voulez évoquer les esprits ? Sachez au moins que la qualité de leurs messages, leur véracité, dépend de votre degré d'évolution ainsi que de celui du médium. Ce sont les humains qui, par la qualité de leur vie intérieure, attirent des entités lumineuses ou ténébreuses.

La femme a pour vocation d'être l'éducatrice de l'homme. Par ses pensées, ses sentiments, son attitude, elle peut l'entraîner à accomplir les actes les plus nobles. L'homme ne demande qu'à être soulevé, inspiré par elle. C'est pourquoi tant que les femmes n'ont pas cet idéal, tant qu'elles ne pensent qu'à leurs désirs et leurs plaisirs, elles resteront à côté de leur véritable vocation. Vous direz : « Mais la femme est tellement plus faible et délicate que l'homme ! Comment peut-elle s'opposer à lui ? » Il n'est pas nécessaire qu'elle s'oppose à lui. Il y a des attitudes, des expressions qui sont plus efficaces que toutes les paroles et les gesticulations.

Et la femme possède encore un moyen d'éduquer l'homme : en éduquant ses fils, et ces fils toute leur vie respecteront les femmes à cause de leur mère. Oui, par l'influence quotidienne qu'elles peuvent avoir sur leurs fils, les mères sont capables de créer des caractères droits, nobles, généreux.

Toute la nature, les montagnes, les rivières, les arbres, les cristaux, les métaux, tous les êtres vivants et même les humains ne sont rien d'autre que des nombres incarnés. Si on approfondit cette question, on découvrira que rien n'existe en dehors des nombres. Tout est nombre, et la nature, l'univers tout entier est construit sur des nombres qui forment une charpente géométrique indestructible comparable au système osseux.

C'est donc seulement au niveau des principes que les mathématiques sont abstraites ; dans le monde créé, elles prennent chair et os. Pour l'instant, les mathématiciens travaillent sans savoir à quoi correspondent dans la réalité les résultats de leurs calculs. Un jour, ils découvriront que tous les processus physiques, psychiques, cosmiques sont là, expliqués par les nombres et leurs différentes combinaisons.

9 Février

Devant les difficultés qui se présentent à eux, beaucoup finissent par se dire : « Mais pourquoi se casser la tête en cherchant des solutions ?… À partir de maintenant je laisserai aller les choses comme elles vont. » Eh bien, voilà comment on court à la faillite. La pensée est un instrument. Oui, et la capacité de penser, de raisonner, de réfléchir devant chaque situation est la meilleure chose que Dieu nous ait donnée. Pourquoi vouloir s'en débarrasser ? C'est exactement comme si on se promenait les yeux bandés au bord d'un précipice. Bien sûr, il est difficile de penser et de bien penser, mais c'est le seul moyen d'évoluer.

En réalité, il existe deux façons de penser : celle qui apporte les chagrins, les souffrances, parce qu'on n'a pas appris à réfléchir et celle qui, au contraire, apporte la paix et la joie. Analysez-vous et vous le constaterez. Alors, efforcez-vous de n'avoir que des pensées qui contribueront à vous faire tenir debout.

Il ne suffit pas qu'un enseignement initiatique vous instruise sur l'existence, au-delà de votre corps physique, de vos différents corps subtils ; il doit vous donner des critères pour discerner la qualité de vos états de conscience, des émotions et des pensées qui leur correspondent ; et il doit aussi vous donner des méthodes pour développer les organes spirituels grâce auxquels vous pourrez traverser la zone des perceptions illusoires pour atteindre avec certitude les régions de l'âme et de l'esprit.

À force de travail, d'exercices, un jour vient où vous voyez les réalités du monde psychique et du monde spirituel avec la même clarté, la même exactitude, la même précision que les réalités du plan physique. C'est alors que vous contemplez la vraie vie, vous avez une vision complète des choses, et quand vous devez les expliquer ou les décrire, vous présentez l'exacte réalité.

Quand vous aimez un être, c'est Dieu qui l'aime à travers vous. En l'aimant vous éprouvez donc l'amour de Dieu. C'est pourquoi aimer peut vous combler autant et même plus que d'être aimé.

Sans doute avez-vous déjà ressenti cet amour. Il vous a visité, mais il est reparti… et il en sera toujours ainsi jusqu'à ce qu'il trouve en vous une demeure définitive et de la nourriture. Car il mange beaucoup ! Alors, la prochaine fois, quand il viendra vous visiter, essayez de réfléchir aux circonstances de sa venue, afin de pouvoir l'appeler à nouveau, car, consciemment ou non, c'est vous qui lui fournissez des conditions favorables. L'amour vient dans la pureté, cette pureté symbolisée par la transparence du cristal, et s'il trouve l'impureté il repart. Vous voyez, c'est une question très sérieuse ; réfléchissez-y au lieu de vous plaindre d'être seul et abandonné. Vous ne pouvez pas perdre l'amour qui habite en vous. Si vous vous sentez abandonné, c'est que vous-même vous n'aimez plus.

Pourquoi l'Église entretient-elle les chrétiens dans les illusions avec des promesses qui ne se réaliseront jamais ? Physiquement et spirituellement, ils sont malades, faibles, pauvres… Peu importe, elle les console en leur disant : « Ne vous inquiétez pas, ce n'est qu'un mauvais moment à passer, la terre est une vallée de larmes, mais quand vous la quitterez, vous serez reçus dans les tabernacles du Seigneur. » Eh bien non, cela ne se passera pas ainsi, car ils n'ont rien fait pour mériter si facilement et si vite une telle grâce.

Pourquoi tromper les gens ? Il faut leur dire : « Espèce de paresseux, débrouille-toi un peu ! Si tu es dans de mauvaises conditions, c'est que tu l'as mérité. Mais quelles que soient ces conditions, tous les jours tu peux non seulement faire un travail sur toi-même mais aussi aider les autres ». Au lieu de cela on les rassure : « Ici, c'est comme ça, mais de l'autre côté tu seras dans la splendeur et l'abondance. » Et la réalité, c'est que s'ils n'ont pas fait un véritable travail spirituel, de l'autre côté ce sera pareil, et même pire.

13 Février

C'est parce que les planètes tournent autour du soleil qu'elles reçoivent de lui la lumière, la chaleur et la vie. Si elles coupaient le lien, elles mourraient. Et comme, dans l'univers, tout est construit d'après le même schéma, si les organes et les cellules ne restent pas liés à l'esprit de l'homme, à son Moi divin comme les planètes sont liées au soleil, ils périclitent. C'est une vérité que les Initiés ont vue inscrite partout dans la nature ; oui, partout, sauf malheureusement dans la tête des humains.

Les gens s'imaginent qu'en cultivant l'anarchie, la révolte, en refusant de se soumettre aux grandes lois cosmiques, ils soulignent la puissance de leur caractère. Non, ils soulignent leur ignorance. Car de plus en plus ils commencent, au contraire, à se disloquer et à s'affaiblir. La vraie force pour l'homme, c'est d'arriver à entraîner tous les mouvements instinctifs de son être dans un élan irrésistible vers son centre solaire. Quand il y est parvenu, l'harmonie, la plénitude et la paix s'installent en lui.

Trop souvent, nous cherchons à nous débarrasser des problèmes en leur donnant des solutions extérieures, alors que nous devrions chercher à les affronter intérieurement pour faire sur eux toute la lumière. On peut comparer cette attitude à celle d'une mère qui est obligée de corriger un enfant désobéissant. Au lieu de s'efforcer de comprendre d'abord les raisons de sa conduite, car il y a certainement quelque chose à comprendre, elle lui donne une paire de gifles pour avoir la paix. Elle use ainsi du moyen le plus facile et l'enfant continuera à désobéir.

Eh bien, il faut savoir que nos problèmes sont aussi, d'une certaine façon, nos enfants, et que d'après notre façon de les traiter, nous arriverons à les résoudre, ou pas du tout !

L'Ancien Testament ainsi que la Kabbale désignent Dieu sous différents noms. Un de ces noms est le Tétragramme Iod Hé Vav Hé יהוה. Ces quatre lettres correspondent aux quatre principes que sont en l'homme l'esprit (Iod), l'âme (Hé), l'intellect (Vav), le cœur (le deuxième Hé).

Mais ces quatre principes doivent se manifester, s'incarner grâce à un cinquième ; et c'est le Shin ש, symbole de l'union de l'esprit et de la matière, qui vient s'intercaler au centre יהשוה. Ces lettres sont alors celles du nom de Jésus, Iéschouah en hébreu. Ainsi Jésus est venu remplir la mission symbolisée par son nom. Non seulement il se proclamait fils de Dieu, mais il insistait sur la filiation divine de tous les humains, et dans le « Notre Père » il leur demande de travailler à la réalisation du Royaume de Dieu sur la terre : *« Que ton règne vienne, que ta volonté soit faite sur la terre comme au ciel. »* Jésus a enseigné aux hommes qu'en venant s'incarner sur la terre, ils deviennent la manifestation physique de la Divinité, et il leur a montré le chemin.

16 Février

Vous êtes impatient de voir se réaliser tout ce que vous souhaitez, et vous souhaitez tellement de choses !… C'est naturel, et pourtant, plutôt que d'attendre le jour où vous verrez enfin vos souhaits se réaliser, examinez bien la nature de ce que vous demandez. Car ce que vous souhaitez viendra, mais si vous n'avez pas su ce que vous deviez demander, il n'est pas certain que vous vous réjouirez de sa venue. Avant de vouloir à tout prix que vos prières et vos vœux soient exaucés, posez-vous la question : « Ce que je souhaite apportera-t-il quelque chose de vraiment bon pour moi et pour les autres ? »

Avant de réclamer quoi que ce soit, il faut être vraiment sûr que ce qu'on souhaite est conforme aux lois divines. Si vous en êtes certain, continuez à le souhaiter avec la conviction que cela se réalisera.

17 Février

La pratique de la vie spirituelle commence par affiner la perception que vous avez de votre être intérieur, et il est normal que vous ne soyez pas tellement heureux de ce que vous découvrez. Mais ce n'est pas une raison pour vous décourager et arrêter le travail ; peu à peu vous allez prendre des forces et élargir votre domaine.

Celui qui reste assis sur une chaise peut s'imaginer capable de tous les exploits. C'est quand il essaie de se lever qu'il mesure le véritable état de ses forces ; là, il est obligé de perdre ses illusions. Dans sa déception, il se croit plus faible qu'il n'est, alors qu'au contraire, c'est cette prise de conscience qui est le commencement de sa force. Les difficultés qu'il éprouve à s'éloigner de son mode d'existence passé sont la preuve qu'il essaie de bouger, de faire des efforts. Et s'il souffre, c'est parce qu'il commence enfin à sentir, à vivre et à se diriger vers un monde nouveau.

Nos difficultés intérieures présentent des analogies avec un marécage. Tant que le marécage n'est pas asséché, nous vivons dans le brouillard et sommes assaillis de moustiques, parce que le marécage présente les meilleures conditions pour leur prolifération ; et notre vie n'est plus qu'une lutte interminable contre le brouillard et les moustiques.

Quand on voit certaines personnes se débattre pendant des années dans des problèmes insolubles en étalant chaque jour les mêmes malaises, en répétant chaque jour les mêmes plaintes, on voudrait bien les aider à se tirer de là, mais comment ? On leur parle, on leur explique que les conditions extérieures ne changeront pas, et que c'est à elles de changer ; rien à faire, elles restent dans leur marécage avec leurs moustiques. Plus ou moins, bien sûr, mais chacun de nous a des marécages à assécher et à combler pour que les moustiques – les inquiétudes, les tourments – n'aient plus de domicile.

Un sujet, un verbe et un complément, c'est ainsi qu'on définit généralement une phrase. Le sujet est celui qui agit ; celui sur lequel on agit est le complément, et le verbe qui indique cette action fait le lien entre les deux. C'est le verbe qui lie. Sans lui, il ne se produit rien.

Dans la grammaire spirituelle, le sujet, c'est Dieu, la source de la vie. Le complément d'objet, c'est l'homme, ou la terre qui reçoit les sucs de la vie. Le verbe, ce sont les esprits angéliques qui lient le monde physique au monde spirituel. Dieu, les anges et les hommes, c'est-à-dire le monde divin, le monde spirituel qui est le monde intermédiaire, et le monde physique. Dans la grammaire spirituelle, ce sont donc les anges qui occupent la place du verbe : ils sont les intermédiaires entre le monde divin et le monde humain. C'est pourquoi justement on les appelle « anges », c'est-à-dire messagers.

Vous souhaitez le bien, vous invoquez le bien, mais cela ne suffit pas pour qu'il s'installe. Tant que vous ne supprimez pas certains éléments impurs, nocifs, le bien va tourner là tout autour, mais il ne pourra pas pénétrer.

Vous voulez, par exemple, consacrer un objet… Vous devez commencer par faire disparaître toutes les particules et les couches fluidiques impures déposées sur lui. Il est toujours bon de vouloir entrer en communication avec les forces du bien, mais vous devez savoir que, dans le plan de la matière, la première chose à faire, c'est d'exorciser, de libérer les objets de toutes les impuretés pour pouvoir ensuite les remplir de ces forces bénéfiques. Ce n'est qu'à cette condition que vous arriverez à imprégner les objets d'une puissance magique.

21 Février

Sur le long chemin de la vie nous avançons environnés de toutes sortes de dangers, et nous ne savons jamais ce qui peut nous arriver. Mais quels que soient ces dangers, l'important est d'apprendre à maîtriser la peur.

La peur paralyse la réflexion, elle entraîne le corps dans des actes désordonnés devant ce qui est ou paraît être un danger. Alors, si quelque chose vous effraie, commencez par rester quelques secondes immobiles et respirez profondément afin de retrouver la maîtrise de votre cœur, de votre système nerveux et de vos membres. Si vous laissez vos membres s'agiter, vous perdez tout contrôle sur eux. C'est comme si vous aviez ouvert la porte d'une cage aux fauves : une fois qu'ils sont sortis, il est très difficile de les faire rentrer. Mais si, au contraire, vous installez d'autres réflexes à la place de cette agitation, vous vous apaisez, tout rentre dans l'ordre et vous pouvez agir efficacement.

Les humains se promènent sur les chemins de la vie comme des récipients vides qui attendent d'être remplis. Mais pourquoi attendre ? Chaque être, chaque objet qu'ils rencontrent possède des vertus particulières. Qu'ils apprennent à les reconnaître et ils ne se sentiront plus jamais ni vides ni seuls.

Tout ce qui existe sur la terre et dans le ciel peut vous donner quelque chose de bon. Mais recevoir dépend de vous ; pour recevoir il faut être conscient et s'ouvrir. Si vous traversez l'existence non seulement avec les yeux et les oreilles fermés, mais surtout avec le cœur et l'intellect barricadés, évidemment vous resterez dans la solitude et la pauvreté. Mais ouvrez-vous et vous saurez que tout peut devenir une nourriture pour votre vie intérieure.

Ne vous laissez pas tromper par les apparences : en réalité, rien n'est plus efficace que le travail spirituel. S'il ne donne pas de résultats immédiats, c'est que le monde de l'âme et de l'esprit est plus difficilement accessible pour nous que le monde matériel. Mais il ne faut pas se décourager ; si vous vous découragez, c'est que vous n'avez ni science, ni discernement.

Combien faut-il de temps pour faire pousser une salade ?… Et pour faire pousser un chêne ?… Mais combien de temps dure une salade ?… Et combien de temps peut vivre un chêne ?… Ce sont les mêmes lois dans la vie intérieure : si vous vous contentez d'une salade, vous l'aurez très vite, mais aussi elle sera vite flétrie ; tandis que si vous voulez un chêne, vous devrez attendre beaucoup plus longtemps, mais il vivra des siècles !

N'allez pas, par ambition, vous exposer à des rivalités épuisantes. Choisissez une activité où vous ne manquerez pas d'espace, ou peut-être même vous serez seul, et alors là personne ne vous empêchera de grandir. Si vous allez vous planter à côté d'un grand arbre, il protestera que vous empiétez sur son terrain. Et qu'arrivera-t-il si vous vous aventurez sur le territoire d'un fauve ?… Soyez plutôt comme l'oiseau : il a un tout petit corps, faible et léger, un petit bec, mais il est préparé pour l'espace aérien, pour la liberté. L'oiseau n'a pas l'ambition de s'imposer au fauve, il demande seulement au Créateur le chant, la joie et la liberté de mouvement.

Les véritables fils et filles de Dieu sont comme les oiseaux, ils ne veulent pas établir leur territoire dans la jungle. Ils cherchent à s'envoler chaque jour vers les hauteurs pour en rapporter la paix, la lumière et la joie, qu'ils feront partager à tous leurs frères et sœurs.

25 Février

La vérité n'est pas une découverte que chacun fait séparément, et les humains pourront dire qu'ils ont trouvé la vérité uniquement lorsqu'ils parviendront à vivre tous ensemble en harmonie. Oui, la vérité n'est pas quelque chose d'abstrait, elle est l'expression d'une organisation telle que tous s'accordent et sont en paix les uns avec les autres. Pour y arriver, de nombreux ajustements, des adaptations, des mises au point sont bien sûr nécessaires, et c'est là notre travail à tous.

Il faut savoir qu'il n'y a de vérité qu'universelle, et donc qu'il n'y a de vérité que dans l'unité. Et comment se manifeste cette unité ? Quand tous les humains sentent qu'ils ont les mêmes besoins fondamentaux, quand ils éprouvent les privations infligées aux autres comme s'ils avaient eux-mêmes à les subir, quand le mal fait aux autres est un mal qu'on leur fait aussi à eux.

Le jour où vous prendrez conscience que tout ce dont vous avez besoin est déjà en votre possession, vous découvrirez combien vous êtes riche. Pourquoi ne faites-vous pas des forages ? Vous ferez jaillir du pétrole. Pourquoi ne creusez-vous pas votre terre ? Vous y découvrirez de l'eau, ou des pierres précieuses. Mais vous attendez sans rien faire, vous êtes comme ces mendiants qui harcèlent les passants : vous ne cessez d'importuner le Seigneur et ses anges.

C'est vrai, ce que Dieu nous a donné de plus précieux est profondément caché, on ne le voit pas. Pourquoi ? Parce qu'Il est un père très sage : s'Il avait étalé toutes les richesses sous les yeux des humains, ils ne feraient aucun effort, ils se contenteraient de prendre. Et comment les utiliseraient-ils, ces richesses, puisqu'ils n'en connaîtraient pas le prix ? Tandis que là, obligés qu'ils sont de se donner de la peine pour les découvrir, ils sauront comment les apprécier et s'en servir pour le bien.

Mettez toujours le plus haut idéal dans votre cœur et dans votre âme. Il est irréalisable, inaccessible ? Conservez-le tout de même, nourrissez-le. C'est justement parce qu'il est inaccessible que la vie est merveilleuse. Tout ce qui est accessible perd rapidement de l'intérêt. Jetez-vous dans une entreprise dont vous savez d'avance qu'elle ne sera jamais réalisée. C'est cela qui vous stimulera, qui ranimera votre enthousiasme, qui donnera de la poésie à votre vie. La psychologie n'a pas suffisamment étudié cet aspect des choses.

Vous direz : « Mais ce n'est pas de la psychologie ». Justement si, c'est cela la vraie psychologie. Donc, ne vous demandez pas si vous êtes capable ou incapable, fixez-vous le plus haut idéal : faire jaillir la vie divine en vous et autour de vous.

Il est essentiel que dans l'exercice de leurs responsabilités, qu'elles soient familiales, sociales, professionnelles, politiques, chacun s'efforce de trouver intérieurement ce point de vue élevé d'où il pourra dominer tous les aspects des problèmes qu'il a à résoudre. Ainsi, il prendra les décisions les plus justes pour tous.

Vous direz : « Mais il n'est pas certain que ces décisions justes soient acceptées ; la majorité des gens ne s'occupent que de défendre leurs intérêts égoïstes, il n'est pas facile de les amener à reconnaître les intérêts des autres. » C'est vrai, mais même si certaines de vos bonnes analyses et de vos bonnes conclusions ne sont pas acceptées, ce n'est pas une raison pour abandonner vos efforts. Du moment que vous êtes parvenu à vous hisser jusqu'à ce point de vue supérieur, il y aura d'autres occasions dans la vie où vous pourrez le faire triompher. Rien n'est jamais perdu des efforts que l'on fait pour progresser sur le chemin de la lucidité, du désintéressement.

29 Février

Une belle apparence extérieure, une position sociale avantageuse, quand on fait connaissance avec quelqu'un, c'est évidemment ce sur quoi on s'arrête d'abord. Mais de tels avantages n'impressionnent pas longtemps si on ne sent pas derrière ces apparences quelque chose de subtil, de vivant, qui correspond à ce dont chacun a besoin au plus profond de son être.

Vous savez cela, vous en avez déjà fait l'expérience, mais avez-vous tiré la conclusion que pour rencontrer le véritable amour, vous devez travailler sur vous-même, créer en vous quelque chose de pur, de lumineux, de poétique, de musical… C'est la seule façon d'attirer à vous des hommes ou des femmes qui cherchent eux aussi la pureté, la lumière, la poésie, la musique. N'oubliez jamais que l'essentiel est là, dans ces vibrations subtiles, ces courants d'énergie qui circulent entre les êtres.

La spiritualité ne consiste pas à négliger le corps physique, mais à faire en sorte de le débarrasser de toutes les impuretés qui s'y sont accumulées et qui empêchent l'esprit de se manifester à travers lui.

Qu'est-ce que l'enseignement de la Fraternité Blanche Universelle ? Justement un enseignement qui donne des méthodes concernant la régénération du corps physique. Ainsi, les actes les plus naturels, les plus quotidiens et indispensables à la vie, comme respirer, manger, boire, se laver, marcher, dormir, peuvent tous devenir des occasions de faire ce travail de régénération. C'est là toute une science que la plupart de ceux qui se disent spiritualistes ne connaissent pas, d'où il s'ensuit pour eux tellement de complications, d'anomalies, de déséquilibres. Et pas seulement pour eux, pour les matérialistes aussi qui ne savent pas que ce corps physique auquel ils accordent tant de soins a été donné à l'homme pour qu'il en fasse un instrument de l'esprit.

Dès qu'une difficulté, une épreuve se présente, concentrez-vous, réfléchissez, priez, cherchez dans toutes les directions pour trouver enfin les moyens, les énergies, et surtout la lumière. Au lieu de vous plaindre et de vous laisser submerger, dites-vous : « Voilà une occasion favorable pour entreprendre en moi la construction de quelque chose de solide, inébranlable ».

Mais n'attendez pas de vous trouver dans de grandes difficultés pour prendre ce genre de résolution. C'est tous les jours, à chaque petite déconvenue, à chaque petite déception, à chaque petite blessure d'amour-propre, que vous devez être vigilant. Au lieu de vous dire : « Pourquoi m'arrive-t-il une chose pareille ? Je ne méritais pas d'être traité ainsi ! » saisissez cette occasion pour faire un travail, ne laissez pas passer cette chance de vous construire des défenses pour l'avenir.

Quelles que soient les conditions extérieures, dans le monde intérieur, le monde de la pensée, nous pouvons nous sentir libres. Mais lorsque nous voulons nous manifester dans le plan physique, nous dépendons des conditions et nous sommes limités. Si nous n'obtenons pas les résultats que nous espérons, nous ne devons pas nous en affliger, en sachant qu'intérieurement nous avons toutes les possibilités de vivre une vie riche, belle, vaste et utile pour toutes les créatures. Nos pensées et nos sentiments vont très, très loin dans l'espace, et grâce à eux nous pouvons entrer en contact avec l'univers entier, tandis que nos actes ne touchent que quelques personnes.

Même l'être le plus puissant est limité dans l'action. Mais si nous améliorons notre monde intérieur, en nous renforçant dans l'amour et la foi, nous aurons de plus en plus de prise sur le monde extérieur aussi.

Ceux qui quittent le Seigneur, qui coupent le contact avec Lui, laissent tarir en eux la source de l'amour, et un jour, devant les échecs successifs de leur vie sentimentale ils se posent des questions : tous ces hommes, ou ces femmes, comment se fait-il qu'ils les aient tant aimés ? Au moment de la rencontre ils leur paraissaient irrésistibles, et puis, peu à peu, ils ont fini par les trouver tout à fait quelconques ou même insupportables. C'est tout simplement parce que l'Être unique qui habitait tel homme ou telle femme n'est plus là pour eux. Ce n'était pas lui ou elle qu'ils aimaient, mais l'Être qui les regardait à travers cet homme ou cette femme, et ils n'ont pas su faire ce qu'il fallait pour Le retenir. Ils se sont montrés négligents, insouciants, égoïstes, et l'Être qui vivait dans cet homme ou cette femme s'est éloigné.

Ne recherchez donc pas les hommes et les femmes pour eux-mêmes, mais pour découvrir en eux l'Être unique qui vous visitera à travers eux.

Il est important de comprendre la signification de la douleur physique : elle nous avertit que nous nous sommes écartés du bon chemin. Si nous ne souffrions pas, nous irions droit au tombeau. Rien n'est plus dangereux qu'une maladie qui s'installe dans l'organisme sans donner le moindre signal d'alarme, car souvent, le jour où la douleur apparaît et nous alerte, les dégâts commis sont irréparables.

C'est pourquoi, dès que vous ressentez une douleur, avant de vous précipiter sur des médicaments pour la faire cesser, commencez par vous demander quelle en est la cause et cherchez ce que vous avez pu commettre comme imprudences, négligences, etc. Car si vous ne tenez pas compte de ces avertissements, le mal que vous laisserez s'installer en vous sera de plus en plus difficile à combattre.

Vous ne pouvez interpréter correctement votre présent que si vous jetez un regard sur le passé, car chaque événement est la conséquence d'un événement précédent. Cela, vous le savez, mais vous devez aussi prendre conscience que ce présent qui est la conséquence du passé, vous avez la possibilité de travailler sur lui pour que l'avenir réalise tous vos bons souhaits et vos bons projets.

Pour bien comprendre le sens d'une existence humaine, la vôtre, de même que celle de tous les êtres, il faut la considérer comme une conséquence d'un passé lointain, mais aussi, et c'est ce qui est le plus important, comme le point de départ pour une nouvelle existence. Celui qui étudie une vie humaine sans tenir compte qu'elle représente seulement le maillon d'une longue chaîne ne peut que prononcer des jugements erronés.

Les humains ne voient pas réellement les richesses du monde qui les entoure. Pourquoi ? Parce qu'ils ont de lui une conception matérialiste, donc superficielle : ils cherchent seulement comment utiliser les découvertes qui y sont faites pour leur seule satisfaction égoïste. Et c'est exactement pour les mêmes raisons qu'ils ne savent pas utiliser leur propre corps.

Poumons, cœur, oreilles, yeux, mains, foie, pieds, etc., sont de grandes richesses dont la plupart des gens ne savent pas se servir. Poussés par des forces qu'ils ne maîtrisent pas et dont ils n'ont pas conscience, ils vont à droite et à gauche en balançant leurs bras et leurs jambes, en écoutant par-ci, en regardant par-là, en grignotant ce qui leur tombe sous la dent. La philosophie matérialiste a tellement obscurci leur vision qu'ils ne voient plus rien de la vraie vie. Il est temps maintenant qu'ils comprennent comment ils peuvent utiliser les ressources de la nature et celles de leur propre corps pour grandir et s'élever spirituellement.

8 Mars

La science du lien, voilà ce qu'est véritablement la religion. Il ne sert donc à rien de répéter que le mot religion vient du latin « religare » : relier, si dans leur tête les croyants n'ont que des séparations.

Vous direz : « Mais le lien sous-entendu par le mot religion, c'est le lien avec Dieu. » D'accord, seulement que signifie un lien avec Dieu qui s'accompagne d'une séparation avec tout le reste ?... Le même lien qui relie le Créateur aux créatures relie toutes les créatures entre elles, et aussi tous les éléments de la création. C'est la compréhension de ce lien qui est la religion véritable. La religion véritable sous-entend donc aussi la science, la connaissance de la nature, de ses lois. C'est pourquoi cette séparation entre science et religion dont certains sont si fiers, ne rime à rien. Si on sépare la religion et la science, c'est qu'on n'a compris véritablement ni l'une ni l'autre.

Kéther : la Couronne ; *Hohmah :* la Sagesse ; *Binah :* l'Intelligence ; *Hessed :* la Grâce ; *Guébourah :* la Force ; *Tiphéreth :* la Beauté ; *Netsah :* la Victoire ; *Hod :* la Gloire ; *Iésod :* le Fondement ; *Malhouth :* le Royaume. Apprenez à méditer sur les dix séphiroth, l'Arbre de la Vie, en ayant conscience que cet Arbre cosmique est aussi en vous, et que la seule activité qui vaille la peine est de le faire croître, fleurir et fructifier.

Combien de temps il vous faudra avant de pouvoir vous identifier réellement à cet Arbre de Vie, cela ne doit pas vous préoccuper. Des milliers de fois peut-être vous devrez revenir sur la terre pour poursuivre ce travail. Jusqu'au jour où ces dix séphiroth qui ont leur demeure en vous commenceront à vibrer, et c'est tout votre être intérieur qui sera éclairé par les lumières de l'Arbre de la Vie.*

*Voir planche et note, p. 373-375.

Lorsque je voyage et que j'arrive dans une nouvelle ville, en voyant toute cette foule dans les rues, je pense que ces hommes et ces femmes ont chacun leur existence propre, leur histoire, leurs problèmes à résoudre, leurs souffrances, leurs amours, et qu'il y a un Être qui les soutient tous parce qu'Il vit en eux… Essayez vous aussi de temps en temps d'avoir cette pensée, et vous élargirez votre champ de conscience, vous découvrirez de nouvelles régions où vous entrerez en contact avec des entités supérieures.

Au lieu d'agiter toutes sortes de préoccupations inutiles ou futiles qui ne font que vous affaiblir, concentrez-vous sur l'Esprit universel, le Père céleste qui nous a créés, qui nous porte, qui nous soutient et qui vit dans toutes ses créatures. Ainsi vous échapperez aux pesanteurs de l'existence quotidienne, et vous sentirez que le lien entre votre être terrestre et votre être céleste commence à se rétablir.

Au cours des siècles, les humains sont parvenus à s'imposer de plus en plus à la nature. Bien sûr, elle est patiente, mais quand elle sent que les humains s'obstinent à troubler l'ordre qui la régit, elle riposte, et ses ripostes, ils doivent les subir non seulement dans leur milieu ambiant, mais encore en eux-mêmes. Ils croient pouvoir se livrer impunément à toutes sortes d'abus, sans prévoir que ces mêmes désordres qu'ils créent dans la nature, ils les créent également dans leur organisme physique et psychique. Et s'ils ne peuvent pas s'accorder entre eux, c'est aussi parce qu'ils ne respectent pas l'ordre des choses que le Créateur a établi dans la nature et en eux-mêmes.

Celui qui a appris à s'accorder avec l'ordre voulu par le Créateur ne s'impose pas à la nature, et il ne s'impose pas non plus aux humains, il ne pèse pas sur eux, il ne cherche pas à les gagner pour son avantage personnel.

Chacun essaie de régler ses comptes en se réclamant de son bon droit. Mais il faut laisser ça un peu de côté. Celui qui veut toujours faire valoir son bon droit fait beaucoup de bruit et finit souvent par se montrer aussi injuste, et même parfois davantage, que ceux dont il a à se plaindre.

Vous suivez un enseignement spirituel afin d'apprendre une meilleure façon de régler vos comptes. Sachez que dans l'avenir, les codes de justice actuels n'auront plus cours. Les tribunaux ne prendront plus tellement en considération les plaintes déposées par ceux qui prétendent que leurs intérêts personnels ont été lésés : ils répondront à toutes les demandes de ceux qui défendent l'intérêt commun, le droit divin. Mais en attendant, patientez en sachant que même si elle met longtemps à s'imposer, la justice existe et elle se manifestera un jour.

Vous croyez connaître l'eau et le feu, mais vous ne les connaîtrez vraiment que lorsque vous serez capable de les voir dans leur dimension cosmique comme les deux principes de la création. Leur activité est symbolisée par la croix. La ligne horizontale représente le mouvement du principe féminin, l'eau, qui a toujours tendance à s'étaler, à se répandre à la surface du sol en occupant le plus de place possible. La ligne verticale représente l'activité du principe masculin, le feu, qui, au contraire, a tendance à se concentrer et à s'élancer vers les hauteurs.

L'eau est donc liée à la surface et le feu à la hauteur. Ces deux directions, horizontale et verticale, synthétisées par la figure de la croix, sont celles qui représentent le mieux l'activité des deux principes masculin et féminin dans la création et dans les créatures. L'univers est rempli de ce symbole.

Quelqu'un dit : « Moi, je suis sincère, je dis ce que je pense, surtout à mes amis », et on le voit, il démolit tout sur son passage. La sincérité est certainement une qualité, mais il n'a pas de quoi être tellement fier de cette sincérité-là. S'est-il seulement posé des questions sur la justesse de ce qu'il pense ? Non. Et d'ailleurs pourquoi le ferait-il ? La liberté de pensée n'est-elle pas une grande conquête de l'humanité ?

C'est d'accord, la liberté de pensée est une chose précieuse. Mais à condition de savoir réellement ce qu'est la pensée. Combien de gens appellent « penser » n'importe quelle agitation de leur intellect à propos de tout ce qui leur plaît ou leur déplaît ! Ils font erreur. La véritable pensée n'est pas liée au plaisir ou au déplaisir, elle ne commence même pas avec le plan mental, l'intellect, mais avec le plan causal.* Elle suppose la connaissance des grandes lois cosmiques. La première idée venue n'est pas une pensée ; et beaucoup qui prétendent dire ce qu'ils pensent, devraient comprendre que s'ils pensaient vraiment, ils se tairaient ou ne parleraient qu'après s'être demandé ce que vaut leur opinion.

* Voir note et schéma, p. 376-377.

Le Maître Peter Deunov disait : « Quand c'est le moment de laver sa chemise, doit-on pleurer ?… Quand c'est le moment d'enfouir les graines dans le sol, doit-on pleurer ?… Quand c'est le moment de moudre le blé, doit-on pleurer ? »

Laver la chemise, enfouir des graines dans le sol, moudre le blé correspondent à des activités de la vie spirituelle. Lesquelles ? Laver sa chemise, c'est se purifier. Enterrer des graines dans le sol, c'est introduire de bonnes pensées et de bons sentiments dans sa tête et dans son cœur, ainsi que dans la tête et dans le cœur des autres. Moudre le blé, c'est préparer le pain de vie. Ces trois activités s'accompagnent de certaines souffrances, mais des souffrances tellement salutaires ! Ce sont ces divines souffrances, supportées consciemment, qui imprègnent tout ce que nous vivons ensuite de beauté, de parfums et de saveurs.

On se demande parfois d'où vient cette expression de sérénité qui caractérise les traits de certains sages. Tout simplement, de ce qu'ils sont parvenus à vaincre la peur de perdre quoi que ce soit. Ils se sont élevés jusqu'à ce sommet où ils sentent qu'il existe en eux quelque chose d'indestructible et qui ne peut leur être enlevé. Quoi qu'il arrive, un vrai sage sait que la seule réalité, en lui-même et dans tous les êtres, est ce sommet inaccessible au mal, à l'abri de toutes les tribulations : l'esprit, l'étincelle que Dieu a communiquée à la créature humaine.

Mais comment arriver jusque-là ? En travaillant sur soi-même, en purifiant ses pensées et ses sentiments afin de dissoudre peu à peu les couches opaques qui nous séparent de cette étincelle et nous empêchent de sentir qu'elle est la seule réalité. Ce que la religion appelle Providence découle de cette certitude, ancrée dans certains êtres qui en ont fait l'expérience, que quelque chose en eux est absolument hors d'atteinte et échappe à toutes les vicissitudes.

Quelles que soient les circonstances, habituez-vous à descendre en vous-même pour y trouver ces quintessences qui s'appellent amour, sagesse, douceur, bonté, paix, inspiration, pureté, gratitude. De simples objets que vous prenez dans votre main peuvent vous aider à faire remonter ce qui est caché au plus profond de vous. Une plume d'oiseau, une feuille d'arbre, un caillou… tout peut devenir un intermédiaire, un moyen d'entrer en relation avec votre monde intérieur.

Et même un mot écrit sur une feuille de papier suffit aussi. Vous écrivez ce mot et grâce à lui vous entrez dans votre laboratoire intérieur où vous trouvez « le flacon » qui porte le même nom. Ce mot écrit est comme un témoin, un détecteur ; vous le tenez dans une main, de l'autre main vous cherchez le flacon, et parce qu'il existe une affinité entre ce mot et un certain flacon, vous finissez par le trouver. Je ne cesserai jamais de vous le répéter : tant de choses sont à votre disposition, mais à condition que vous fassiez l'effort de les utiliser !

C'est avec la sagesse et l'amour que vous construisez votre véritable demeure. Les matériaux de la sagesse sont solides, mais pour résister longtemps ils ont besoin d'être soutenus par une âme vivante au-dedans, sinon vous verrez bientôt de la moisissure sur les murs. Et cette âme vivante, c'est l'amour.

Lorsqu'une maison est habitée, elle ne s'abîme pas autant que si elle reste vide. La présence de l'homme, son activité, sa respiration la vivifient. Elle dit : « Puisque quelqu'un s'est abrité chez moi, je dois rester debout. » Mais si on l'abandonne, elle commence à se disloquer. Construisez donc votre demeure avec la sagesse comme charpente, mais remplissez-la d'amour pour la conserver, la consolider. S'il n'y a pas d'amour, s'il n'y a pas de vie qui circule à l'intérieur, elle s'effondrera. La preuve : lorsque l'âme quitte le corps de l'homme, celui-ci peu à peu se décompose. Qui soutenait cette demeure ? La vie qui coulait au-dedans.

Pour les chrétiens, c'est le dimanche ; pour les juifs, le samedi ; pour les musulmans, le vendredi… chaque religion a un jour plus particulièrement réservé au culte. En réalité, quelle différence y a-t-il entre ces jours ? Aucune. Aux yeux du Créateur du ciel et de la terre, tous les jours sont sacrés, tous les jours sont divins. Il y a le vendredi pour faire le bien, le samedi pour faire le bien, le dimanche pour faire le bien…

Tous les jours doivent être sanctifiés. Sinon à quoi rime une religion ? Pendant six jours on transgresse tranquillement les lois, et le septième on va à l'église, à la mosquée ou à la synagogue pour essayer d'effacer les fautes commises pendant les six autres ? Mais c'est grotesque ! Un jour par semaine ne suffit pas pour progresser dans la voie de la sagesse, de l'amour, de la pureté… il faut toute la semaine. Oui, c'est chaque jour, toute la journée, toute la nuit, que l'on doit être dans l'église de Dieu, parce que l'église de Dieu, c'est toute la création.

L'eau contient de grands mystères, et certains de ces mystères sont liés au sang. Le sang est une eau sublimée. Entre l'eau et le sang il existe de grandes analogies, et pas seulement entre l'eau et le sang, mais encore entre l'eau, le sang et la lumière. La lumière du soleil, qui est son sang, est également une forme de l'eau, une forme supérieure de l'eau. C'est pourquoi, au cours du dernier repas qu'il prit avec ses disciples, Jésus a dit : *« Celui qui mange ma chair et qui boit mon sang, a la vie éternelle. »* Ce sang, c'est la lumière qui vient du soleil.

Parce que l'eau fait partie de votre existence quotidienne, vous croyez la connaître. Non, vous n'en connaissez que quelques aspects et quelques usages. Mais le jour où vous arriverez à penser et à sentir l'eau comme sang et comme lumière, à ce moment-là seulement vous la connaîtrez et vous saurez comment l'utiliser dans votre travail spirituel.

La forme compacte du cube a fait de lui un symbole de la stabilité, mais aussi une figure de la limite, de l'enfermement, de la prison. Alors, au moment où il s'ouvre et se développe en croix, on assiste à une sorte de libération. Oui, c'est pourquoi nous ne devons pas voir dans la croix seulement un instrument de souffrance et de mort ; elle est aussi un symbole cosmique qui exprime toutes les possibilités de la vie.

Dans le texte même des Évangiles, pourquoi la mort de Jésus est-elle suivie de sa résurrection ? Parce que la mort n'est pas une fin, elle n'est qu'une étape nécessaire qui prépare à la résurrection. Évidemment, je parle de la résurrection d'un point de vue symbolique et spirituel, non d'un point de vue physique. La résurrection suppose d'abord la mort, et elle vient ensuite comme un processus de transformation qui se fait par phases successives. Ainsi comprise, elle peut être assimilée à une naissance.

22 *Mars*

L'archange Raphaël préside au Printemps.

Pendant l'hiver l'archange Gabriel concentre les énergies dans la graine. À l'inverse, au printemps, l'archange Raphaël les libère. Et, pour les libérer, il fait d'abord mourir la graine afin que tout ce qu'elle contient puisse sortir et devenir racines, tige, branches, feuilles, fleurs, fruits… Et les fruits donneront de nouvelles graines. Jusque-là, la graine était une créature figée, paralysée, stagnante, et cela peut-être même depuis des milliers d'années, en attente de bonnes conditions.

Un peu comme un cadavre abandonné dans un cercueil, la graine semble morte. Mais au printemps, avec le retour de la chaleur, partout où il y a des graines, c'est la résurrection : chacune est comme un petit tombeau qui s'entrouvre, l'archange Raphaël se met à l'œuvre, la pierre est enlevée et le germe apparaît. C'est la lumière et la chaleur du soleil qui est la cause de cette résurrection. De même l'être humain ressuscite quand il a appris à s'exposer à la lumière et à la chaleur du soleil spirituel.

Une semence qui a été mise en terre est comparable à une créature enfermée dans un tombeau. Quand l'ange de la chaleur vient, il la réveille en lui disant : « Allons, lève-toi maintenant, sors du tombeau ! » Et voilà que cette vie qui était ensevelie commence à s'animer : une petite tige divise la graine en deux et donne naissance à une pousse qui deviendra un jour un arbre formidable. C'est cela la résurrection.

Pour ressusciter, il faut ouvrir le tombeau, et seule la chaleur ouvre les tombeaux. La chaleur, cela veut dire l'amour. Celui qui a beaucoup d'amour dans son cœur, un amour désintéressé, spirituel, ouvre le tombeau de ses cellules. Tant que ses cellules ne sont pas animées, vivifiées, elles restent inactives et il ne peut pas connaître toutes ses richesses intérieures. Mais après cette résurrection, après le réveil de ses cellules, sa conscience s'élargit et, à travers tout ce qu'il sent, tout ce qu'il vit, il se meut dans une autre dimension, la dimension de l'esprit.

De quelle terre parle le psalmiste quand il dit : *« Je marcherai devant l'Éternel sur la Terre des Vivants » ?* En réalité cette Terre des Vivants est un état de conscience, et d'une certaine façon c'est également notre terre, les régions éthériques de notre terre. Car la terre n'est pas seulement ce que nous voyons d'elle, c'est aussi un monde subtil où vivent les êtres lumineux, des Anges, des Divinités.

Même Jésus se trouve sur cette terre-là, il ne l'a pas quittée puisqu'il a dit : *« Je suis avec vous, tous les jours, jusqu'à la fin du monde. »* Bien sûr, il a quitté la terre physique, mais il vit sur la terre éthérique, vivante, lumineuse, divine. Et lorsqu'un homme, ici, sur notre terre, arrive à se purifier, à s'élever spirituellement, il commence lui aussi à habiter cette Terre des Vivants, il entre en communication avec les grands Maîtres, avec les Anges, avec les Divinités, avec le Christ.

À des degrés différents, bien sûr, tout ce qui existe est vivant, et la vie se caractérise par l'émission de radiations toujours nouvelles. Même le métal d'un collier, d'une bague ou d'une montre que vous portez, vibre chaque matin différemment de la veille. Si vous étiez vraiment sensible, vous sentiriez qu'il y a une différence dans le mouvement des particules infinitésimales qui composent sa matière. Pourquoi ? Parce que ces objets sont en relation avec les courants sans cesse renouvelés du cosmos. Vous ne le sentez pas, alors vous croyez qu'il n'y a aucune différence, mais en réalité, rien nulle part ne reste le même.

Et le soleil, quand il se lève le matin, lui aussi est nouveau. Car il y a toute une vie dans le soleil : des courants, des projections, des éruptions… Et s'il se produit des changements dans le soleil, comment ces changements ne se répercuteraient-ils pas à travers le système solaire, sur les humains, les animaux, les plantes, les pierres et aussi les métaux ?…

26 Mars

Vous voudriez qu'on vous aime, vous êtes malheureux parce que vous trouvez qu'on ne vous aime pas – ou pas assez ! Mais comprenez que par cette attitude, vous allez être encore plus malheureux. Comment voulez-vous qu'on aime quelqu'un qui se promène partout avec une mine allongée et qui regarde les autres avec des airs de reproche comme s'ils étaient coupables de son malheur ? Admettons que ce soit vrai : on ne vous aime pas. D'accord, c'est un très grand malheur de ne pas être aimé. Mais le plus grand malheur, c'est de ne pas pouvoir soi-même aimer. Celui qui n'aime pas signe son arrêt de mort. Or, vous, qu'est-ce qui vous empêche d'aimer ? Vous êtes libre. Vous ne pouvez pas obliger les autres à vous aimer, cela dépend d'eux, non de vous ; mais aimer ne dépend que de vous.

Efforcez-vous de faire le premier geste vers les autres. N'attendez pas que ce soit toujours eux qui commencent, parce que vous estimez mériter leur amour. Aimez et vous serez heureux. Et quand ils sentiront en vous ce bonheur d'aimer, ce bonheur qui se manifeste par une lumière, une chaleur, vous verrez, les autres aussi commenceront à vous aimer.

Il y a toujours quelque chose de nouveau à apprendre, toujours des efforts à faire ; c'est à cette condition qu'on reste jeune et vivant.

À notre époque, malgré les immenses progrès de la médecine, des maladies que l'on ignorait autrefois apparaissent dans les pays industrialisés et prospères. Pourquoi ? Et pourquoi tant de personnes souffrent de dépression, d'angoisses et de troubles nerveux ? Parce que, même s'ils travaillent, les humains ont toujours pour idéal une vie de confort, de facilité et de plaisirs. Mais voilà que dans la nature, le programme d'une vie facile n'est inscrit nulle part. Le confort, la facilité, la recherche des plaisirs introduisent en l'homme les germes de la maladie et anéantissent la vie elle-même : les cellules deviennent paresseuses, elles n'éliminent plus les impuretés, elles se laissent empoisonner et l'organisme perd ses capacités de résistance. Méfiez-vous de la facilité, du confort et des plaisirs, chassez de votre tête cet idéal qui est en réalité porteur de mort.

Les forêts, les montagnes, les fleuves, les mers… tout ce que nous voyons de la nature, n'est que son enveloppe extérieure, son corps physique. Nous devons nous efforcer d'aller au-delà afin de découvrir son corps éthérique avec ses vibrations, ses émanations, les courants qui circulent.

Mais en réalité il ne suffit pas de s'arrêter au corps éthérique de la nature, il faut aller encore plus loin. Et c'est ce que l'on enseignait aux disciples dans les Initiations antiques : « soulever le voile d'Isis ». La déesse Isis est, dans la religion égyptienne, l'épouse du dieu Osiris. Dans cette grande figure féminine, les Initiés ont vu un symbole de la Nature primordiale de laquelle sont issus tous les êtres et tous les éléments de la création. Cette Nature, impénétrable pour l'homme ordinaire, les Initiés en ont fait leur principal objet d'étude, ils veulent la connaître, et pour cela ils s'appliquent à comprendre les existences qu'elle engendre et à travers lesquelles elle se manifeste.

29 Mars

Si on a vraiment besoin d'être compris et apprécié des autres, il est préférable de bien choisir ceux dont on souhaite avoir l'estime. Vous direz : « Oh, nous savons cela. » En êtes-vous si sûr ? Êtes-vous sûr que, pour vous attirer l'approbation ou les applaudissements de la foule, vous ne faites jamais rien contre la justice et la bonté ?

Quand vous vous associez à des critiques et à des moqueries, que faites-vous ? Au fond de vous-même, vous savez bien que ces critiques et ces moqueries sont souvent très exagérées, mais afin de plaire aux autres, de les faire rire, vous ajoutez votre grain de sel. Oui, et dans le domaine artistique, et même politique, combien se compromettent pour avoir du succès ! Ils ne cherchent pas à être appréciés des sages, ce n'est pas intéressant, ils sont si peu nombreux ! Ils n'auraient qu'un maigre public ou très peu de voix aux élections. Mais cela vaut-il la peine de se compromettre pour ce genre de succès ?

Les alchimistes disent que, pour fabriquer de l'or, il faut avoir au départ au moins un atome d'or, comme une semence, car dans la nature, rien ne peut se reproduire sans une semence. Le processus alchimique est donc semblable à la croissance ou à la multiplication d'une graine. Un grain de blé commence par donner un épi, et puis un jour tout un champ ! De même, un grain d'or, pour celui qui connaît le secret, peut « se multiplier » à l'infini. Nous aussi, nous possédons ce grain d'or, le germe divin que nous a donné le Créateur. Maintenant qu'Il nous l'a donné, rien ni personne n'a le pouvoir de nous le retirer ou de nous le faire perdre, mais c'est à nous de prendre conscience de l'existence de ce germe et de le réveiller, de le vivifier afin qu'il se développe jusqu'à devenir un arbre… un temple… la nouvelle Jérusalem… l'Enfant-Christ… Tellement d'images et de symboles ont servi à traduire cette réalité !

Tous les êtres humains possèdent cette graine, et le jour où ils sauront où et comment la chercher afin de travailler avec elle, les mots « vie » et « résurrection » prendront véritablement un sens pour eux.

Se lancer dans une entreprise magnifique, divine et être capable de la poursuivre jusqu'au bout sans défaillance, voilà une qualité parmi les plus rares. C'est pourquoi une collectivité, une fraternité spirituelle est nécessaire, indispensable même, pour la bonne évolution des humains : elle leur donne les meilleures conditions pour persévérer dans leurs efforts.

Vous êtes inspiré par un livre que vous avez lu et vous décidez d'améliorer votre façon de vivre, de faire quelques exercices ; mais si vous êtes seul, au bout de quelque temps vous allez certainement interrompre vos efforts parce que vous n'êtes pas stimulé. Tandis que dans une collectivité, une fraternité spirituelle, même si vous êtes fatigué, découragé et que vous vouliez tout abandonner, vous êtes influencé par l'atmosphère et l'exemple des autres, et vous êtes à nouveau entraîné, vous continuez le travail.

La pratique spirituelle ne vous délivrera pas de tous les maux. Il est préférable d'être sur la bonne voie, mais être sur la bonne voie ne signifie pas qu'on est arrivé au but. D'un côté, c'est vrai, certaines sortes de souffrances disparaîtront au fur et à mesure que vous vous purifierez et que vous vivrez en harmonie avec le monde de la lumière. Mais ce n'est pas pour autant que les conséquences des transgressions déjà commises dans cette vie ou dans des vies antérieures vont tout d'un coup s'effacer.

Ne vous étonnez donc pas si, malgré les nouvelles orientations que vous avez prises, certaines souffrances ne vous quittent pas. Pour simplifier, on peut dire que nos bonnes actions s'accumulent dans un réservoir et nos mauvaises actions dans un autre : pour nos mauvaises actions nous devons être sanctionnés, et pour nos bonnes actions nous sommes récompensés. Nous passons donc par des événements et par des états psychiques ou physiques qui sont les conséquences plus ou moins lointaines de notre conduite passée.

2 Avril

Chaque jour le sel fait partie de notre alimentation. On le met sur la table comme on met l'eau et le pain, ça paraît tout naturel. Mais de combien de péripéties est jalonnée l'histoire du sel depuis qu'il est apparu dans l'océan primitif d'où peu à peu la terre a émergé ! Le sel est inséparable de nos origines. Nous avons de lui un besoin vital. Et il ne donne pas seulement la saveur aux aliments, il les conserve. Est-ce que vous pensez au sel lorsque vous en mettez dans un plat ou dans votre assiette ?… Vous goûtez un peu pour vérifier si ça suffit, et c'est votre langue qui vous répond pendant que votre tête se promène ailleurs.

Et pourtant, ne croyez-vous pas que c'est le moment de déchiffrer cette lettre que Dieu vous envoie par l'intermédiaire du sel ? Venu de la mer, séché aux rayons du soleil, jusqu'à ce qu'il arrive chez vous, sur votre table, quel long chemin il a parcouru ! Et maintenant qu'il va pénétrer en vous, il y a aussi à approfondir sa signification symbolique en méditant la parole de Jésus : *« Vous êtes le sel de la terre. »*

De même que la santé est le résultat d'un accord entre les différentes parties qui constituent l'organisme physique, la paix est le résultat d'un accord entre les différents principes qui constituent l'organisme psychique : l'esprit, l'âme, l'intellect, le cœur, la volonté. S'il est si difficile d'obtenir la paix, c'est que justement ces principes sont rarement accordés. Tel homme a des pensées lucides, sages, mais voilà que son cœur, où se sont glissés des sentiments passionnels, le pousse à faire des folies. Ou s'il est animé des meilleurs désirs, c'est sa volonté qui est paralysée, etc. Comment peut-il trouver la paix au milieu de toutes ces contradictions ?

On ne saura jamais ce qu'est la paix, et à plus forte raison on n'arrivera pas à la réaliser tant qu'on n'aura pas compris qu'elle est un résultat, une conséquence. Oui, la paix est tout d'abord un état de conscience qui suppose que toutes les fonctions, toutes les activités physiques et psychiques de l'homme soient parfaitement équilibrées et harmonisées.

Au lieu de se transporter partout avec son esprit critique ou son indifférence, le disciple d'une École initiatique cherche à comprendre chaque personne qu'il rencontre : ses besoins, ses faiblesses, ses difficultés. Et quand il voit combien il existe de créatures désespérées, accablées, qui veulent se relever et ne le peuvent pas, l'amour et la compassion envahissent son cœur. Il se dit : « Comment puis-je aider mon frère et ma sœur qui souffrent, qui sont malheureux ? » Il prend alors conscience de tous les trésors entassés en lui depuis des millénaires et qui risquaient de moisir à force d'être oubliés ; il commence à y puiser pour les distribuer, et en faisant cela il découvre combien lui aussi s'enrichit.

Dans la vie quotidienne, combien de fois avez-vous pu constater que la patience vous manque ! Et ce manque de patience nuit à la manifestation de toutes vos bonnes qualités. Efforcez-vous donc chaque jour de gagner un peu plus de cette faculté de supporter. C'est-à-dire qu'au lieu de réagir tout de suite aux paroles, aux événements, faites silence en vous, respirez profondément afin de convoquer toutes les puissances de la paix, de l'harmonie et de la lumière qui vous aideront à trouver la meilleure attitude.

Travailler avec le souffle est tellement important ! C'est pourquoi aussi, quand vous faites le matin les exercices de respiration, vous pouvez répéter intérieurement le mot « patience » en vous imprégnant de son sens, de ses vibrations, de son aura. Et en prononçant ce mot, ajoutez-y une image qui augmentera sa puissance, si bien que cette vertu finira par pénétrer toute votre conscience.

Dans les œuvres des mystiques ou des poètes, certains ne voient que des fantasmagories. Non, ces mystiques, ces poètes sont seulement entrés dans une autre dimension de la réalité. Cette autre dimension, on peut l'appeler le rêve, à condition de ne pas le confondre avec un simple vagabondage de l'imagination, ou avec ces aventures que nous vivons pendant le sommeil. Le rêve, tel que la Science initiatique le comprend, est le germe de toute réalité. Le monde matériel, le monde physique n'est que la cristallisation d'un rêve, et même s'il disparaissait, le rêve subsisterait, parce que lui seul est réel : c'est lui qui engendre toutes les formes sensibles.

Chaque jour, efforcez-vous d'ouvrir consciemment les portes du rêve. C'est dans le rêve que vous trouverez les éléments indispensables pour reconstruire votre vie et lui donner un sens. Alors, votre visage même reflétera quelque chose de ce monde de lumière, de beauté et de joie inaltérable. C'est cela la vraie vie.

L'être humain est naturellement porté à chercher le plaisir, c'est bien connu et c'est normal. Mais doit-il faire confiance à cet élan de sa nature qui le pousse à satisfaire ses besoins instinctifs ? Doit-il y céder sans se demander où cela va l'entraîner ? Certains prennent plaisir à manger ou à boire démesurément, à affronter les autres, à s'emparer de ce qui leur appartient, à détruire ce qui les gêne. On peut très bien comprendre qu'ils trouvent là du plaisir, la nature est tellement riche de possibilités ! Mais si elle n'est pas bien orientée et maîtrisée par une sagesse, par un raisonnement, la tendance au plaisir n'est pas absolument justifiée. Elle a une certaine justification dans son élan, mais elle n'est pas justifiée dans son accomplissement, et on ne doit pas lui donner la liberté de se réaliser sans contrôle.

Tous les besoins sont des impulsions, des forces magnifiques ; ils n'ont en soi rien de mauvais ; ils deviennent mauvais quand il n'y a pas l'autre facteur, la sagesse, qui intervient pour dire son mot.

L'amour véritable est une manifestation de Dieu Lui-même, de son immensité, de sa toute-puissance. Pour atteindre cet amour, cette force, cette vibration qui domine la matière, vous devez vous efforcer de n'échanger avec l'être que vous aimez que des particules de lumière. Quand deux personnes éprouvent l'une pour l'autre un amour très élevé, qu'elles s'aiment pour leur âme, pour leur esprit, il leur suffit d'un regard pour être émerveillées, en extase.

Il est dit dans la Science initiatique que, dans un avenir lointain, quand un homme et une femme voudront mettre un enfant au monde, ils seront simplement dans les bras l'un de l'autre, ils se regarderont comme pour se donner le ciel, et leurs pensées seront tellement concentrées, leur amour tellement intense qu'un esprit viendra très peu de temps après s'incarner auprès d'eux : son corps sera fait des particules pures et lumineuses que lui donneront ses parents par leurs seules émanations. Il s'agit évidemment d'un avenir très lointain. Mais cette évolution entre dans les projets de l'Intelligence cosmique.

Quand vous mangez en famille, avec des amis ou même seul, est-ce que vous veillez à ne pas faire de bruit avec tous les objets dont vous vous servez ?… Vous pensez : « Mais pourquoi cette question ? » Parce que c'est important. Si vous surveillez vos gestes lorsque vous déplacez cuillères, fourchettes, couteaux, assiettes, plats, verres, bouteilles, etc., vous développez des qualités d'attention, de précision, de prévoyance, que vous pourrez utiliser ensuite tout au long de votre vie.

Commencez donc par vous exercer à la maîtrise dans des occasions aussi simples, sinon vous continuerez toute votre vie à faire des erreurs, à heurter les gens ou les choses, à prononcer des mots maladroits qui vous feront perdre une amitié et vous fermeront des portes. Utilisez ce moment des repas pour apprendre la vigilance, la maîtrise des gestes : vous éveillerez ainsi en vous des facultés qui vous permettront ensuite de faire face à beaucoup de situations difficiles.

Pour ceux qui ont embrassé la vie spirituelle, la plus grande difficulté n'est pas tellement d'accéder à un niveau de conscience supérieur, mais de s'y maintenir. Un jour ils remportent une victoire, et le lendemain les conditions extérieures ou intérieures ayant changé, ils se laissent un peu aller…

Il faut le savoir, il est presque impossible de se tenir de manière stable et définitive sur les hauteurs de la vie spirituelle. La stabilité est le point culminant de l'Initiation, ce moment où le disciple peut dire enfin, comme le hiérophante de l'ancienne Égypte : « Je suis stable, fils de stable, conçu et engendré dans le territoire de la stabilité. » Le territoire de la stabilité, c'est la séphira *Binah,** la région des Vingt-quatre Vieillards. Liez-vous à cette séphira, et même si la stabilité est un sommet inaccessible, elle vous aidera à vous en approcher.

* Voir planche et note, p. 373-375.

Pourquoi l'être humain est-il capable du meilleur et du pire ? Parce que, par sa conscience, il est placé entre le monde inférieur et le monde supérieur. S'il n'est pas vigilant, si sa conscience n'est pas éveillée, ce sont les forces obscures qui commencent à prendre le dessus. Et au contraire, quand il se lie aux forces du monde supérieur, il devient le canal de courants puissants et bénéfiques.

Sachant cela, chaque être humain doit comprendre combien son rôle est important dans l'univers, car il dépend de lui que s'ouvrent les portes du ciel ou celles de l'enfer. Oui, puisqu'il est placé à la limite des deux mondes, c'est de lui, de son attitude qu'il dépend que le bien ou le mal se manifeste sur la terre. De même que le soleil est la porte des forces divines dans le système solaire, de même l'être humain est la porte des forces solaires sur la terre. Il a donc un rôle immense à jouer dans l'univers.

La Science initiatique explique que les esprits du mal assaillent les humains en les enveloppant de fluides épais, comme des nuages noirs ; mais si on dirige sur eux la pointe d'une lame, ces fluides se désagrègent, et les entités ténébreuses prennent la fuite. Paracelse, dit-on, possédait une épée dont il se servait pour repousser les courants de haine dont il était poursuivi. Sa science, ses connaissances, son caractère aussi, lui avaient attiré beaucoup d'ennemis qui fomentaient sa perte. Alors, quand il se sentait attaqué dans l'invisible par les forces obscures que ces ennemis projetaient sur lui, il brandissait son épée et l'agitait dans tous les sens.

Mais, évidemment, il ne suffit pas d'agiter une arme pour se débarrasser des entités ténébreuses, il faut déjà posséder cette arme en soi-même : une volonté exercée, orientée par une pensée lucide, puissante, et soutenue par un sentiment d'amour désintéressé. Oui, les armes matérielles ne sont pas d'un grand secours dans la vie spirituelle, et je ne vous conseille pas de les utiliser. Pour remporter les vraies victoires, vous devez travailler avec votre intellect, votre cœur et votre volonté.

Au commencement de la création, Dieu a dit : *« Que la lumière soit ! »* et de cette lumière Il a fait la matière de l'univers. Le matin au lever du soleil, nous avons la possibilité d'intensifier en nous cette lumière vivante grâce au « prâna » contenu dans l'air. Le prâna est une énergie répandue partout dans la nature, dans la terre, l'eau, l'air, le feu, mais il est principalement transporté par les rayons du soleil, et c'est par la respiration que nous pouvons le capter et l'introduire en nous.

Chaque particule de ce prâna est comme une goutte d'eau cristalline, une petite sphère en suspension remplie de lumière. Lorsque nous nous concentrons sur le soleil, nous absorbons par la respiration quelques-unes de ces sphères, de ces particules subtiles, et ainsi nous renforçons notre organisme physique mais aussi notre organisme psychique.

14 Avril

Le voyage que nous avons entrepris il y a bien longtemps ne se terminera pas avec notre vie présente. Cette vie n'est qu'une étape sur le chemin que tous les êtres ont à parcourir depuis qu'ils sont sortis du sein de Dieu. Et combien de régions différentes ils devront visiter jusqu'à ce qu'ils reviennent un jour à la Source !

Nous ne sommes que des voyageurs sur la terre, il ne faut pas l'oublier. Mais même parmi les spiritualistes, très peu sont capables de maintenir constamment en eux l'idée qu'ils sont des voyageurs et ne doivent donc s'arrêter nulle part pour y pousser des racines. Le chemin à parcourir est long, très long ; vous devez sans cesse observer, étudier, tirer des conclusions afin de continuer dans la bonne direction et, pour ne pas perdre courage, garder les yeux fixés sur le but à atteindre.

La sagesse, qui nous éclaire, nous permet de distinguer le bien du mal et donc de prendre des mesures pour repousser le mal. Mais si nous ne faisons toujours appel qu'à la sagesse, même nos amis ne resteront pas longtemps auprès de nous. Bien sûr, la sagesse attire parce qu'elle brille et qu'on la voit de loin, mais elle est froide, et les gens n'aiment pas beaucoup rester auprès d'une lumière froide. C'est pourquoi les sages restent souvent solitaires, tandis que les gens moins sages mais chaleureux sont entourés d'amis. Alors que faire ?… Faut-il décider de négliger la sagesse pour ne pas rester seul ? Non, bien sûr, car celui qui se laisse seulement guider par l'amour, court le danger d'être continuellement sollicité et finit par se faire dévorer.

L'amour lie et la sagesse délie. C'est pourquoi il faut apprendre à harmoniser les deux courants en soi-même : savoir quand il est souhaitable de manifester l'amour et quand la sagesse.

Le Christ, qui est la deuxième face de Dieu Lui-même, n'a jamais pris de corps physique, il entre seulement dans les âmes et les esprits qui sont prêts à le recevoir et à se fusionner avec lui. Donc Jésus, comme tous les autres grands Maîtres de l'humanité et fondateurs de religions, devait parcourir tout un chemin avant que cet esprit descende en lui. S'il a été appelé Jésus-Christ, ce n'est pas parce qu'il était le Christ, mais parce qu'il a reçu le Christ.

On peut dire que Jésus était Dieu, mais dans le sens où vous, moi, les animaux, les arbres, les pierres, les étoiles… sommes aussi Dieu. Puisque tout ce qui existe est issu de la substance divine, en ce sens tout est Dieu. La seule différence est dans la conscience, et Jésus avait la conscience la plus haute de la présence de Dieu en lui. C'est donc cette conscience que nous devons développer, jusqu'à nous fondre dans la Divinité pour pouvoir dire un jour comme Jésus : *« Mon Père et moi, nous sommes un. »*

Bien qu'ils aient consacré leur existence à chercher la vérité, et qu'ils aient donné les preuves les plus évidentes de leur désintéressement, de leur grandeur, de leur bonté, les Initiés, les grands Maîtres sont souvent considérés comme des gens aux idées bizarres, tandis que les gens ordinaires qui se contentent de vivoter, voilà des gens qui sont dans la norme et sur lesquels il faut prendre exemple ! Mais que dit à ce sujet le livre de la nature vivante ?

Voici un exemple parmi tant d'autres : quand le soleil se lève le matin, quels endroits de la terre sont les premiers à recevoir ses rayons ? Les vallées ou les sommets des montagnes ?... Eh oui, les sommets des montagnes. Donc, les êtres les plus purs, les plus nobles et lumineux sont les premiers qui découvrent les vérités. Et on ne sait pas combien de siècles après, les gens ordinaires en recevront un peu quelque chose.

Parce que la vie circule en lui depuis les extrémités des racines enfoncées sous la terre jusqu'à l'extrémité des branches qui s'élancent très haut dans le ciel, l'arbre est sans doute la meilleure représentation de l'unité de la création.

Mais cette unité, les Initiés l'ont aussi exprimée par le symbole du serpent qui se mord la queue. La tête correspond au monde de l'esprit, et la queue au monde de la matière. Esprit et matière sont les deux aspects de Dieu qui se manifeste et agit dans toute sa création. Rien de ce que nous voyons n'est séparé de Dieu : Il représente la totalité et nous sommes quelque part en Lui comme des cellules de son immense corps. Et parce que nous sommes nous aussi matière et esprit, nous devons nous efforcer d'insuffler sans cesse à notre matière la vie indéfiniment renouvelée de l'esprit.

Rien de ce que nous possédons, ni aucun des êtres auxquels nous tenons, ne nous appartient vraiment et définitivement. À tout moment nous risquons de les perdre, et au moment où nous les perdons, nous sommes obligés de faire appel à toutes les forces en nous qui nous aideront à supporter cette perte. Ces forces se trouvent dans la lumière, l'amour désintéressé, l'humilité, le sacrifice. Alors, pourquoi ne pas les chercher tout de suite et consciemment ?

Il est difficile, quand tout va bien, de convaincre les humains qu'ils devraient se concentrer sur l'essentiel afin d'être prêts le jour où viendront les épreuves. Car elles viendront, c'est sûr, personne n'est épargné. Alors n'attendez pas d'être dans la misère, les maladies ou les malheurs pour chercher une direction spirituelle. Si vous vous êtes déjà bien armé, non seulement vous les surmonterez, mais vous en sortirez renforcé.

D-8!

En méditant sur des images saintes, des symboles sacrés, vous atteignez un certain état intérieur qui vous met en relation avec des entités du monde invisible. La magie, la magie naturelle comme l'appelle la tradition, est fondée sur ce principe des relations que l'on peut établir entre les objets du plan physique et les êtres du monde spirituel. C'est en cela qu'elle diffère de la magie divine, la théurgie, qui ne travaille qu'avec des noms et des nombres, donc avec des principes.

Il n'est pas nécessaire d'avoir un support matériel pour entrer en contact avec des entités célestes, les Initiés n'en ont plus besoin. Mais c'est un long apprentissage. Nous commençons par toucher les choses, par les goûter, ensuite nous pouvons les respirer, les entendre, les voir ; et c'est à la fin que nous arrivons à les ressentir, à les comprendre. Avec la sensation et la compréhension, on entre dans le monde spirituel.

La foi et la patience : si vous nourrissez l'une et l'autre en vous, afin de continuer le travail entrepris, vous arriverez à concrétiser toutes vos aspirations spirituelles. Quelqu'un dit : « Mais depuis des années je souhaite tellement de choses qui ne se réalisent pas ! » C'est que vous ne savez pas comment travailler, ou bien que pour certaines raisons vos désirs ne peuvent pas encore être exaucés.

Si vos désirs concernent la collectivité, l'humanité tout entière, évidemment ils sont beaucoup plus difficilement réalisables que s'ils ne concernent que vous seul. Vous souhaitez la paix dans le monde, mais combien de gens pendant ce temps, souhaitent la guerre ! et évidemment leur désir s'oppose à la réalisation du vôtre. C'est pourquoi, quand on veut travailler pour la paix dans le monde, pour le bien de toute l'humanité, tellement plus de personnes, tellement plus de forces et tellement plus de temps sont nécessaires, car c'est une entreprise gigantesque et de très longue haleine. Mais elle n'est pas irréalisable. Et elle se réaliserait si de nombreuses fraternités spirituelles se créaient dans le monde pour se consacrer à ce travail.

Les humains sont tellement occupés à satisfaire leurs besoins physiques et matériels qu'ils ne sentent même plus en eux la présence d'un autre monde ; leur âme, leur esprit sont devenus pour eux des terres étrangères. Même s'ils les entendent mentionner, cela ne leur dit rien, ces mots sont pour eux vides de sens et ils errent comme de pauvres malheureux dans des régions arides et stériles…

Celui qui veut sortir de cette situation misérable doit faire son possible pour changer la nature de ses besoins et chercher le sens de sa vie dans les régions subtiles de l'âme et de l'esprit. Ce n'est que lorsqu'on a atteint ces régions que l'on vit enfin la vraie vie. Dans un de ses chants, le Maître Peter Deunov parle d'un pays merveilleux où « les rivières coulent, où les fleurs s'épanouissent, où les fruits mûrissent, où les oiseaux chantent d'une céleste harmonie et où les hommes vivent en frères »… Vous direz que ce pays merveilleux est inaccessible… Non, il se trouve dans l'âme humaine.

Les efforts que vous faites dans le plan spirituel ne sont jamais perdus. Du moment que vous avez réussi à vaincre certaines faiblesses, à acquérir certaines qualités, c'est comme si vous aviez mis en vous de nouveaux clichés, de nouvelles empreintes, et vous reviendrez vous incarner avec ces clichés définitifs. Le nouveau corps physique dans lequel vous entrerez sera lui aussi modelé, façonné d'après le degré de perfectionnement que vous aurez atteint, car les efforts que vous aurez faits pour purifier vos corps subtils produiront des changements jusque dans votre corps physique : il deviendra plus résistant et plus apte à recevoir les impulsions du monde de l'esprit et à leur donner, dans toutes vos activités, une expression concrète.

Le seul travail qui porte des fruits pour l'éternité, c'est de faire de son corps le temple du Seigneur.

Qui n'a pas entendu parler des luttes interminables que doit livrer le fumeur ou l'alcoolique qui veut se débarrasser de ses habitudes funestes ? Pourquoi ce combat ? Parce que les habitudes sont des liens que l'on crée avec ces créatures vivantes que sont les cellules, et rompre ces liens est très difficile, elles n'acceptent pas. C'est exactement comme vouloir divorcer d'un homme ou d'une femme qui refuse la séparation. Décider de changer est une entreprise héroïque.

Le tabac, l'alcool, la drogue sont des exemples que tout le monde comprend facilement. Mais il en est de même pour toutes les mauvaises habitudes, tous les mauvais penchants. Les défauts, les vices, comme les maladies aussi, sont des entités dotées d'une volonté propre, et c'est pourquoi ils résistent.

Rien n'est plus significatif au monde que la rencontre des deux principes masculin et féminin. Ni les hommes ni les femmes ne peuvent douter que ces deux principes qu'ils représentent sont puissants, agissants, et qu'ils s'influencent l'un l'autre dans le but de créer. Mais ce qu'ils ne savent pas, c'est l'attitude à avoir, la façon de se considérer afin de vivre dans l'harmonie, la beauté, la plénitude, au lieu de provoquer sans cesse des désordres, des déceptions et des tragédies.

L'univers entier est en mouvement grâce aux forces qui se dégagent des deux principes masculin et féminin quand ils sont mis en présence l'un de l'autre. Orientées convenablement, ces forces arrivent à projeter des faisceaux lumineux d'une telle puissance qu'ils peuvent produire des phénomènes d'une importance cosmique.

Du moment que nous sommes descendus sur la terre, nous sommes obligés de subir ses lois en recherchant les meilleures façons de nous manifester. Personne ne peut échapper aux lois de la terre.

Vous direz : « Et les êtres très évolués, les Initiés, les grands Maîtres ? » Non plus. Ils arrivent imprégnés des effluves du Ciel, mais la terre est un monde totalement différent. En haut, dans les plans subtils, la matière est obéissante, malléable, elle se soumet aux moindres pensées, aux moindres désirs. Mais la matière dans laquelle nous vivons ici oppose la plus grande résistance. Et en nous faisant descendre sur la terre, où nous aurons toujours des épreuves à surmonter, l'Intelligence cosmique nous donne les possibilités de nous épanouir ici, dans la matière. Car les obstacles, les épreuves, c'est aussi cela la matière, une forme de matière.

Lorsqu'on commence à étudier sérieusement un enseignement spirituel, à méditer, à prier, on voit la réalité sous un jour tout différent, car on arrive à prendre des distances. Non seulement on est moins obnubilé par les faiblesses et les manques des autres, mais on découvre aussi chez eux des qualités passées jusque-là inaperçues.

Le paradis sur terre n'existe pas, et où que vous alliez, même dans le meilleur endroit, vous trouverez des humains imparfaits et des raisons de vous plaindre. Si vous ne voulez voir que ça, évidemment vous aurez tous les jours de quoi vous irriter et souffrir. Oui, mais le propre de l'être humain est sa capacité de ne pas rester soumis aux conditions. Sa vie intérieure est un espace qu'il peut sans cesse aménager.

Une guerre, puis une autre, puis encore une autre éclate dans divers endroits de la planète. Et tout le monde se lamente et se demande pourquoi ces guerres… C'est très simple : parce que les humains ne savent pas comment mettre à profit les bonnes conditions que leur donne la paix.

Trouver quelles occupations avoir en temps de paix nécessite une grande science. Or, la vérité, c'est que même en temps de paix les humains continuent à être en guerre ; dans tous les domaines ils ne font que s'affronter : la politique, le commerce, les finances, la religion et la famille sont des terrains d'affrontement, de véritables champs de bataille. Comment s'étonner ensuite que des conflits armés se déclenchent un peu partout, entraînant tellement de malheurs ! Et puis voilà qu'ils supplient le Seigneur de faire cesser ces guerres et de ramener la paix. Mais dites-moi un peu en quoi cela concerne le Seigneur. C'est aux humains qu'il faut demander de trouver en eux-mêmes les moyens de faire la paix.

Sciene et Spiritualism

Le spiritualiste ne doit pas mépriser la matière, mais descendre en elle pour la vivifier et l'organiser. Et par « matière », il faut aussi entendre le corps physique. Si nous le négligeons, sous prétexte de nous consacrer aux nobles fonctions de l'intellect et de l'esprit, ces fonctions aussi finiront par péricliter.

Il ne faut pas laisser le corps physique dans l'état d'une maison abandonnée qui finit par servir d'abri aux insectes et aux oiseaux nocturnes. Au contraire son propriétaire doit souvent s'occuper de le nettoyer, de l'entretenir, de le vivifier. Descendre dans la matière avec cette intention n'est jamais une chute. Justement, il faut savoir bien distinguer descente et chute. Descendre dans la matière est une chose, y tomber en est une autre. Nous devons descendre dans la matière avec l'intention de l'animer, de l'éclairer, pour faire de notre corps la demeure du Dieu vivant.

DiS!

À la différence de l'arbre dont l'activité est périodique, l'eau du fleuve ne cesse de couler, bien que ce ne soit pas toujours la même eau. Qu'il y ait des exceptions, des arbres qui ne perdent jamais leurs feuilles ou des fleuves qui s'assèchent ou débordent et changent de lit, c'est une autre question ; je prends l'arbre et le fleuve en général comme des symboles de nos états intérieurs. Symboliquement, l'arbre représente certains processus et le fleuve en représente d'autres.

Prenons l'exemple de l'amour. À un moment donné de leur existence, tous les êtres humains se rapprochent d'autres êtres humains ; on dit qu'ils s'aiment et grâce à cet amour ils produisent des fleurs, des fruits. Et puis, qu'arrive-t-il ? Le plus souvent, ils finissent par s'éloigner, se rejeter et ils deviennent comme des arbres dénudés et stériles qui doivent attendre un autre printemps – un autre amour – pour reverdir, fleurir et fructifier. Mais cet amour est celui des êtres ordinaires. Chez les êtres évolués, les Initiés, l'amour se manifeste comme un fleuve intarissable, et à ce fleuve s'abreuvent toutes les créatures qui vivent sur ses bords.

Pourquoi tant de gens remarquables suscitent-ils de terribles inimitiés ? Parce que les forces obscures qu'ils ont expulsées de leur monde intérieur reviennent les attaquer par l'intermédiaire d'autres personnes, que leurs qualités, leurs vertus, leur force de caractère dérangent. Au contraire, les gens qui mènent une vie ordinaire ne dérangent personne, et tout le monde est content d'eux.

Mais même si les affronter n'est pas facile, les ennemis extérieurs sont moins dangereux que les ennemis intérieurs, et avec eux il faut employer l'amour, la douceur, la patience. Tandis qu'avec les ennemis intérieurs, il faut user de fermeté, d'autorité, de sévérité. Malheureusement, c'est le plus souvent le contraire que font les humains : ils manifestent patience, indulgence pour leurs ennemis intérieurs et une extrême sévérité pour leurs ennemis extérieurs. Alors comment s'étonner s'ils continuent à se débattre dans des difficultés inextricables ?

La plus grande utilité d'un Maître, c'est qu'il attire l'attention du disciple sur ce qui est défectueux en lui, car c'est là, dans ce qui est défectueux, que se trouve l'origine de ses difficultés, de ses souffrances. Tant que vous ne savez pas quels sont vos points faibles, vous êtes attaqué, vous êtes à la merci des ennemis. Pour avoir les possibilités de vous défendre, vous devez apprendre à reconnaître l'ennemi qui est là, caché sous un défaut, une mauvaise habitude, une conception erronée des choses.

Il n'y a rien de pire que de ne pas savoir d'où vous viennent les difficultés, les souffrances, les malheurs, car vous vous épuisez à tirer toutes vos cartouches dans le vide ; un jour vous n'avez plus aucune munition, mais l'ennemi n'est pas vaincu. Alors, comprenez au moins que votre Maître est votre meilleur allié : non seulement il vous apprend où est l'ennemi et comment il se manifeste, mais il vous donne les moyens de réagir, et c'est ainsi que tôt ou tard vous arriverez à triompher.

Comment interpréter cette parole de Jésus : *« Demandez et l'on vous donnera » ?* C'est l'affirmation que le fait de prier, de souhaiter, d'insister, a le pouvoir de produire certains changements, au moins dans notre conscience. Nous ne pouvons peut-être pas changer les circonstances extérieures, mais en face de ces circonstances nous pouvons changer notre attitude intérieure, notre façon de voir et de sentir, afin de ne plus être tellement affligés, écrasés.

Nos plus grands pouvoirs ne sont pas dans le plan physique, mais dans le plan psychique. Combien de personnes qui avaient de véritables raisons de souffrir, d'être désespérées, ont pu par la prière trouver la paix, la lumière, la liberté ! Et vous, combien d'états de conscience négatifs vous pouvez transformer grâce à cette faculté de demander, de prier, que Dieu a donnée à chaque créature !

Il ne suffit pas de trouver la vérité. Une fois trouvée, une fois comprise, il faut lui rester fidèle, travailler à la servir avec ténacité, constance, patience. Sinon, à quoi bon ? Mais combien de gens qui prétendent avoir trouvé la vérité dans une religion ou un mouvement spirituel ne font plus rien ou se contentent de prêcher les autres ! En réalité, trouver la vérité est un travail sans fin, auquel on doit s'attacher sans relâche afin de pouvoir la réaliser dans sa vie de tous les jours.

Malheureusement, il faut bien l'admettre, la constance et la stabilité ne sont pas les qualités les plus répandues parmi les humains. Or, dans l'Initiation, ce sont justement ces qualités-là que l'on exige du disciple. Dans l'ancienne Égypte, on considérait que la plus grande victoire de l'Initié était de pouvoir dire un jour : « Je suis stable, fils de stable, conçu et engendré dans le territoire de la stabilité ».

Même si vous ne pouvez pas encore les vivre, sachez qu'il existe des formes supérieures de l'amour vers lesquelles vous devez tendre, si vous voulez véritablement que votre amour vous rende heureux.

Une femme ne peut pas tout donner à un homme, ni un homme tout donner à une femme, et alors ils devraient se dire l'un à l'autre : « Il faut que tu le saches, ce n'est pas moi qui pourrai t'apporter la plénitude. Même si je te donnais tout ce que je possède, ton cœur est tellement immense que l'univers entier n'arriverait pas à le remplir, et ton intelligence a besoin d'une lumière que je ne possède pas. Dieu seul peut tout te donner. Alors, accepte de te servir seulement de moi comme un moyen pour aller vers Dieu. Je resterai près de toi, mais c'est Dieu que tu chercheras à travers moi. » C'est ainsi que les hommes et les femmes devraient se parler, et alors là, l'amour ne les quitterait plus, il deviendrait en eux un état de conscience permanent que rien ne pourrait troubler. Vivre l'amour ainsi comme un état de conscience, c'est sentir en soi une chaleur constante, une lumière qui ne s'éteint jamais.

Les alchimistes, comme les chimistes, travaillent avec un élément qu'ils appellent sel. Oui, mais ce qu'ils appellent sel, comme ce qu'ils appellent mercure et soufre, n'a rien de commun avec les substances chimiques du même nom. Seule la correspondance est identique : de même que le sel est en chimie le produit d'un acide et d'une base, il est dans l'alchimie le produit du soufre et du mercure.

Si on transpose ces trois éléments dans les plans psychique et spirituel, par soufre, il faut entendre le principe masculin qui se manifeste en nous comme esprit et intellect ; par mercure, le principe féminin qui se manifeste comme âme et cœur. Et le sel, en tant que volonté, représente l'équilibre qui doit idéalement régner entre les deux. La volonté s'exprime par des actes, et c'est par ses actes que l'homme révèle jusqu'à quel point il a su créer l'harmonie entre son intellect et son cœur, entre son esprit et son âme.

Vous n'êtes pas un alpiniste et vous voulez escalader le Mont-Blanc : vous savez que vous avez besoin d'un guide, et là personne ne mettra en doute l'utilité et même la nécessité d'un guide. Mais pour la vie spirituelle, combien s'imaginent qu'ils n'en ont pas besoin ! La vie spirituelle est une aventure tellement plus risquée que l'ascension d'un sommet, on y court tellement plus de dangers de se perdre, d'être écrasé par des avalanches ou de tomber dans des précipices, mais là, c'est extraordinaire, ils n'ont besoin de personne, ils croient pouvoir se débrouiller tout seuls !

À l'heure actuelle où la spiritualité, ou ce que certains appellent spiritualité, devient à la mode, il n'est pas étonnant que l'on rencontre tant de gens déséquilibrés, désaxés. Ils ont voulu se lancer à la conquête des sommets sans guide véritable et cela ne pouvait se terminer que par une chute.

Qu'une activité satisfasse votre désir de connaissance, qu'elle vous apporte la joie, l'apaisement ou la détente, cela ne suffit pas. Dans chaque activité vous devez chercher une occasion de perfectionnement, de libération intérieure. Or, même la manière dont les humains pratiquent l'art, la science, mais aussi la religion, révèle qu'ils n'y recherchent pas vraiment les moyens de se perfectionner. Vous demanderez : « Mais qu'est-ce alors que se perfectionner, et que devons-nous faire pour y parvenir ? » Se perfectionner, c'est changer la qualité de vos vibrations, afin de les rendre plus intenses, c'est-à-dire plus spirituelles.

Tout est dans l'intensité de la pensée, du sentiment et de la vie, voilà ce que nous révèle la Science initiatique. Quand l'être humain arrivera à vivre cette vie intense, toutes ses activités, aussi bien physiques que spirituelles, ne feront que contribuer à son évolution.

Le feu est, des quatre éléments, le moyen de transformation le plus radical ; rien ne lui résiste. C'est pourquoi la tradition initiatique enseigne que, pour se transformer, les humains doivent passer par le feu, pas le feu physique, bien sûr, mais le feu psychique. Et dans le plan psychique il y a le feu de la souffrance et celui de l'amour divin. Par le feu de la souffrance, doivent obligatoirement passer tous ceux qui se sont tellement endurcis que seules les épreuves pourront les faire réfléchir et les contraindre à changer de conduite.

Pour échapper au feu de la souffrance, nous devons travailler avec le feu de l'amour qui nous transformera en nous rendant lumineux et rayonnant ; il nous enveloppera de ses flammes sans nous brûler. Et même si nous devons encore souffrir, car nous sommes encore sur la terre, nous saurons comment traverser ces souffrances. Le feu de la souffrance contraint et asservit l'homme, le feu de l'amour divin le libère.

Le nombre de la terre est le 4, et celui de Saturne le 8 : 4 x 2. Entre la terre et Saturne existent des relations étroites, car les nombres 4 et 8 expriment la même réalité sur deux plans différents. Au 4 correspond la justice terrestre et au 8 la Justice divine, les deux plateaux de la Balance. Le 4, c'est le carré qui enferme, qui emprisonne, mais aussi la croix avec les quatre directions nord, sud, est, ouest qui délimitent l'espace à l'intérieur duquel nous nous mouvons. Et le 8, qui est donc une croix double, symbolise l'équilibre cosmique.

La planète Saturne est sous l'influence de la séphira *Binah** où règnent les Seigneurs des destinées, et quand la Justice divine a besoin de la justice de la terre, c'est là, sur la terre, qu'elle envoie les êtres afin que le 4 de la terre devienne leur prison. Pour échapper à cette prison nous devons donc nous efforcer d'atteindre la partie supérieure du 8.

* Voir planche et note, p. 373-375.

Ce sentiment que nous éprouvons parfois, que l'immensité est la véritable patrie de notre âme, n'est pas une illusion, elle a son origine dans notre structure psychique. C'est pourquoi, ceux qui refusent de prendre en considération ces besoins de leur âme, éprouveront toujours au fond d'eux-mêmes une sorte d'insatisfaction. Même avec la fortune et au milieu des honneurs, des succès, de la gloire, ils auront toujours la sensation qu'il leur manque quelque chose. Et il est inutile d'essayer de nier ou de refouler cette sensation, car elle est là pour nous obliger à marcher sur le chemin qui nous conduira jusqu'à la Source de la lumière.

Dieu ne peut être ni vu, ni entendu, ni touché, ni expliqué, ni atteint. Or, nous sommes habités par le besoin irrésistible de partir à sa recherche. Et c'est Dieu Lui-même qui a mis ce besoin en nous pour que nous n'arrêtions jamais d'avancer, car c'est cela l'essentiel : ne jamais s'arrêter.

Ceux qui ont reçu le don d'une belle voix, doivent savoir qu'ils sont en possession d'un grand trésor grâce auquel ils peuvent accomplir des merveilles. Mais les chanteurs sont souvent comme des enfants gâtés, ils ne mesurent pas la valeur de leur talent, et surtout ils ne réfléchissent pas au meilleur usage qu'ils peuvent en faire. « Quel usage ? » demanderez-vous... Arracher les humains à leurs préoccupations médiocres, mesquines, et leur inspirer le désir d'embrasser une vie nouvelle consacrée à la beauté et à la lumière. Alors le nom de ces chanteurs sera inscrit dans le Livre de la Vie : il sera noté qu'ils ont ouvert des cœurs, éclairé des intelligences, sauvé des âmes des tribulations et de la mort.

Toute activité qui naît d'une idée désintéressée, qui est mise au service d'une cause divine, possède le germe de l'immortalité. Celui qui est conscient de cette loi acquiert les véritables richesses, parce que conquérir une âme à la lumière est supérieur à tout.

La nature est vivante et intelligente. Or, la majorité des humains agissent envers elle comme si elle était morte et stupide, c'est pourquoi la vie ne vibre plus aussi intensément et puissamment en eux : ils paralysent peu à peu toutes les facultés de connaître, de comprendre et de sentir, que Dieu leur a données.

Quand on considère que ni les pierres, ni les plantes, ni l'eau, ni l'air, ni le soleil ne sont vivants, pourquoi essayer d'entrer en communication avec eux ? C'est donc déjà une façon d'émousser ses facultés de perception, et en faisant cela, on se limite. Tandis que si vous croyez que la nature est vivante, intelligente, vous faites des efforts pour comprendre son langage et vous arrivez à trouver en vous-même des moyens d'expression pour vous adresser à elle.

Chacun deviendra un jour tel que Dieu l'a pensé et voulu, tel qu'il est déjà dans son Moi supérieur. C'est cette certitude qui doit donner un sens à tout ce que nous sommes en train de vivre. Même si c'est difficile, rien ne doit nous arrêter sur le chemin qui nous conduit vers la lumière.

Regardez le soleil se lever, laissez-vous absorber par cette vie, par cet éclat. Dans ce jaillissement de lumière, dans ce rayonnement qui est une expression de la splendeur divine, mettez-vous à la recherche de votre vrai Moi. Le jour où vous le découvrirez, le jour où vous apprendrez à vous identifier à lui, vous saurez que vous n'avez jamais cessé de vivre dans la puissance, dans l'amour, dans la lumière, et que par votre vie, vos activités, vous pouvez participer au travail gigantesque qui se fait dans l'univers.

Ne vous faites pas d'illusions, sur la terre vous ne trouverez aucune créature parfaite. Qu'il la montre ou la cache, chacun a une faiblesse, et même plusieurs. Même les Initiés ont au moins une faiblesse : ou la vanité, ou l'orgueil, ou l'avarice, ou la sensualité… Mais la supériorité d'un Initié vient de ce que, d'abord, il est conscient de sa faiblesse, et qu'ensuite il essaie par tous les moyens d'en triompher.

Quelle que soit l'élévation de son esprit, dans la mesure où un être vient s'incarner sur la terre, il reçoit une hérédité plus ou moins défectueuse sur laquelle il doit travailler ; et il arrive à le faire grâce à ses autres qualités et vertus. Et quand il y a réussi, il devient encore plus grand, parce qu'il est parvenu à transformer une matière brute, crue, en une matière élaborée dont il peut se servir pour son travail. C'est chez les Initiés que l'on découvre combien la puissance de l'esprit arrive à tout maîtriser, alors que la majorité des humains traînent toute leur vie des défauts qu'ils sont incapables de corriger.

Le Maître Peter Deunov disait : « Place la bonté comme base de ta vie, la justice comme mesure, la sagesse comme limite, l'amour comme délectation et la vérité comme lumière ».

La bonté, la justice, l'amour, la sagesse et la vérité sont cinq vertus nécessaires au développement harmonieux de l'être humain. La véritable science réside dans la connaissance des liens que ces vertus entretiennent avec notre corps physique, mais aussi avec nos corps psychiques et nos corps spirituels. La bonté est liée aux jambes, la justice aux mains, l'amour à la bouche, la sagesse aux oreilles, la vérité aux yeux. Et la vérité appartient à l'esprit, l'amour à l'âme, la sagesse à l'intellect, la bonté au cœur, la justice à la volonté.

« Cherchez d'abord le Royaume de Dieu et sa Justice, dit Jésus, *et tout le reste vous sera donné par surcroît ».* Le Royaume de Dieu représente le plus haut idéal auquel l'être humain puisse aspirer. En vous mettant au service de cet idéal, vous attirez sur vous toutes les bénédictions.

Tout ce que vous pouvez souhaiter en dehors du Royaume de Dieu et de sa Justice, c'est-à-dire en dehors de la lumière, de l'amour, de la générosité, de la fraternité, ne peut que venir vous alourdir, vous appauvrir et vous rendre la vie de plus en plus difficile. Pour un moment, peut-être, vous serez satisfait parce que vous aurez goûté des plaisirs, remporté des succès personnels, mais vous serez vite blasé et peut-être même devrez-vous ensuite payer très cher ce moment de satisfaction. C'est pourquoi on peut dire que ces paroles de Jésus : *« Cherchez le Royaume de Dieu et sa Justice et tout le reste vous sera donné par surcroît »,* sont la quintessence absolue de la Science initiatique.

Combien de croyants s'imaginent que le Ciel n'est là que pour leur donner la santé et les succès ! Et si la maladie ou les échecs se présentent, c'est évidemment le Diable qui les leur envoie. Eh non, cela peut être aussi le Ciel qui se préoccupe de leur perfectionnement. Car le Ciel, qui veut leur amélioration, ne prend pas tellement en considération leurs souffrances. Ils ont beau crier, pleurer, sangloter, menacer, cela ne le trouble pas, car ce qu'il leur demande, c'est de devenir plus intelligents, plus sages, plus éclairés. Et malheureusement, c'est avec des secousses, des chocs qu'ils arriveront à ce résultat.

La terre entière retentit du bruit des guerres et beaucoup se demandent pourquoi le Ciel n'intervient pas pour y mettre fin. Parce que le Ciel ne peut pas s'imposer de force dans la tête et le cœur des humains pour leur faire comprendre les avantages de la paix. Ils sont libres. Il doit les laisser souffrir pour qu'ils arrivent eux-mêmes à cette conclusion. Et c'est vrai aussi pour bien d'autres événements de leur vie.

Sur la terre tout est passager, éphémère, mais au-dessus de nos têtes reste le soleil, immuable, éternel, et c'est vers lui que nous devons tourner nos regards. Lorsqu'on cherche la vérité, il faut se diriger vers ce qui ne passe pas, qui ne change pas. Mais on dirait qu'il est difficile pour les humains de trouver la bonne attitude vis-à-vis du soleil : ou ils le négligent ou ils exagèrent son rôle ; ou ils pensent qu'il n'a rien à faire avec la religion, ou ils l'idolâtrent et lui rendent un culte. Dans les deux cas, ils font une erreur. En ne donnant aucune place au soleil dans leur vie intérieure, ils se privent d'un élément essentiel. Mais s'arrêter au soleil physique comme si c'était une idole, c'est revenir à la mentalité des primitifs qui adoraient les forces de la nature.

Le soleil doit être seulement un moyen de trouver Dieu, notre soleil intérieur. En le contemplant, en nous exposant à ses rayons, en nous identifiant à lui, nous augmentons chaque jour en nous la lumière, la chaleur et la vie divines.

Du 21 avril au 20 mai, le soleil se trouve dans le signe du Taureau où la Lune est en exaltation, et où Vénus, planète de la génération, a son domicile. Le Taureau est le signe de la fertilité, de l'abondance. C'est pourquoi, au moment de la pleine lune de mai, il est important de faire un travail avec les forces de la nature pour attirer les bénédictions du Ciel sur les récoltes, le bétail, mais également sur les humains.

Car les humains aussi, s'ils savent comment recevoir les influences projetées à travers le cosmos durant cette période, ils peuvent en bénéficier dans le plan physique comme dans le plan spirituel. C'est pourquoi les Initiés, par leurs chants, leurs prières, leurs méditations, leurs invocations magiques, travaillent à créer dans l'espace des lignes de force qui attireront les courants célestes, et ils les projettent sur les êtres vigilants, éveillés, capables de participer à tous ces événements qui se déroulent dans le ciel et sur la terre.

Au lieu de laisser le champ libre à votre nature inférieure en ne cessant de vous opposer aux autres et de discuter avec eux à propos de tout et de rien, apprenez un peu à discuter avec toutes les entités ténébreuses qui vous habitent. Ces entités que vous traînez depuis des réincarnations et qui ont fini par s'incruster comme de mauvaises habitudes, vous devez les convaincre de se taire. Et en même temps, faites appel à votre nature supérieure qui se manifeste à travers toutes les entités sages et éclairées qui vous habitent aussi. Laissez-les parler et acceptez leurs bonnes suggestions ; elles vous seront utiles pour vous et pour les autres.

Combien de personnes disent qu'elles veulent être utiles aux autres ! Mais les bons sentiments et les bonnes intentions ne suffisent pas. Celui qui veut aider les autres doit devenir un conducteur de la vie divine, et pour cela se débarrasser de tout ce qui en lui peut attirer des forces obscures.

La raison pour laquelle les humains commettent tant d'erreurs de jugement et de conduite, et connaissent tant de souffrances, c'est qu'ils ne savent pas ce qu'ils sont venus faire sur cette terre. Ils viennent et ils s'en vont. D'où viennent-ils, et vers où repartent-ils ? Ils l'ignorent. À ces deux interrogations il y a une seule réponse : Dieu.

Nous sommes sortis de Dieu et nous retournerons un jour en Dieu. Au cours de nos multiples incarnations, par quels chemins passerons-nous avant de revenir vers la Source ? Cela dépend de nous. Dieu a prévu pour les humains que nous sommes un destin exceptionnel. De temps à autre seulement, nous en avons des visions fugitives et à ces visions nous devons nous accrocher de toutes nos forces. Tout ce qui peut nous arriver sur le chemin du retour représente des étapes. Ces étapes ne doivent jamais effacer ou nous faire oublier la vision de ce que nous serons quand nous retournerons dans le sein de l'Éternel, avec les expériences que nous aurons faites, les qualités et vertus que nous aurons acquises et développées.

L'Intelligence cosmique ne nous a pas envoyés sur la terre pour qu'une fois arrivés, nous ne pensions qu'à la quitter sous prétexte que le Ciel est notre véritable patrie. Pour la santé physique et psychique, il est tout aussi nocif de vouloir abandonner la terre pour le Ciel que d'abandonner le Ciel pour la terre.

Parce qu'ils ont décidé de prier, de méditer, certains courent le danger de se laisser aller à la paresse, ou même à la confusion mentale, car ils en arrivent à ne plus distinguer le réel de l'imaginaire. Il faut éviter cela à tout prix. Même les extases, qui sont pour un mystique les états les plus souhaitables, ruinent la santé si elles ne sont pas vécues avec mesure, prudence et sagesse. Il est dit que Dieu est un feu dévorant, et le corps physique n'est pas construit de façon à supporter longtemps ce feu.

La liberté ne se trouve pas dans le plan physique. La liberté se trouve dans le plan atmique qui est le monde de l'esprit. Pour être libres, nous devons donc nous identifier avec notre esprit. À mesure que se fait cette identification, nous nous renforçons et nous échappons aux conditions ambiantes.

Pour employer une image, on peut dire que s'identifier à l'esprit, c'est monter au-dessus des nuages. Celui qui reste au-dessous des nuages, est toujours dépendant : pour voir le soleil, il doit attendre le bon plaisir des nuages, et en attendant il est exposé à l'obscurité, au froid, au brouillard, à la pluie. Comme il ne se rend pas compte que c'est lui-même qui s'est mis dans cette situation, il se plaint : « Le soleil s'est caché. » Le soleil ne s'est pas caché, c'est lui-même qui a laissé des nuages – des pensées, des sentiments obscurs – s'interposer entre le soleil et son âme. Qu'il dissipe ces nuages ou qu'il se projette au-dessus : il aura tout de suite la lumière, et avec la lumière il se sentira tellement libre !

Pourquoi est-il si important de former des collectivités spirituelles ?... Je vous donnerai une image : les ingénieurs construisent des centrales électriques très puissantes grâce auxquelles ils peuvent alimenter en énergie des régions entières. Eh bien, une collectivité spirituelle est comparable à une centrale : elle peut donner de l'énergie pour projeter la lumière très loin dans l'espace. Car les cerveaux humains sont de véritables batteries ; il faut seulement les unir et les mettre en contact avec une idée divine : les courants qu'ils projetteront seront reçus par une quantité d'autres cerveaux dans le monde qui décideront eux aussi de travailler pour cette idée.

Vous priez, vous méditez, vous chantez ensemble, mais sans vous rendre compte encore des possibilités immenses que vous donnent toutes ces activités pour le bien de l'humanité entière. C'est le moment de devenir conscients et de faire un travail pour que la lumière du Royaume de Dieu soit reçue par le plus grand nombre possible de cerveaux sur la terre.

Aimez le Créateur, Celui qui est à l'origine de toute vie, et vous Le sentirez se manifester à travers chaque créature. C'est Lui, l'Unique, que vous aimerez en elles, le seul qui comblera les aspirations de votre cœur et de votre âme. C'est parce qu'ils n'avaient pas compris cette vérité que tant d'hommes et de femmes dans l'histoire, dont on rapporte les aventures et les conquêtes amoureuses, ont eu des destinées tragiques.

Les êtres de chair et d'os que vous prétendez aimer et rechercher ne sont que des intermédiaires, des conducteurs destinés à transmettre les énergies divines, et si vous voulez continuer à les aimer, pensez à rétablir chaque jour le contact avec le monde d'en haut. Vous n'avez pas à vous soucier de savoir qui vous allez aimer ou par qui vous souhaitez être aimé. Aimez Dieu d'abord, et Il se présentera à vous, Il vous sourira et vous comblera de joie à travers les créatures. Vous les aimerez et vous serez aimé d'elles, parce que vous aimerez la Divinité qui les habite et qu'elles aussi La découvriront à travers vous.

Un jeune musicien est en train de déchiffrer un morceau. S'il n'est pas très attentif, il fera quelques fautes et une fois ces fautes commises, elles s'impriment en lui comme des clichés : vingt ans ou trente ans après, même quand il saura le morceau par cœur, s'il ne se surveille pas, il fera les mêmes fautes aux mêmes endroits, et que de temps et de difficultés pour les corriger ! C'est pourquoi un musicien qui déchiffre un morceau doit mettre tout le temps nécessaire pour avoir un cliché impeccable. Un jour il pourra même manger et dormir en jouant, il ne fera aucune faute, parce que tout se sera impeccablement imprimé dans son subconscient.

Ce qui est vrai pour la musique est vrai aussi pour beaucoup d'autres activités dans la vie. En commençant par procéder avec prudence, sagesse, on évite de commettre des erreurs, et ainsi on économise les efforts, les énergies et le temps.

Que ce soit la famille, les amis, les collègues de travail, etc., ou même des inconnus, les relations humaines sont quelque chose de très compliqué et, si on veut maintenir l'harmonie et la bonne entente, il faut s'oublier un peu, ne pas toujours mettre en avant ses points de vue, ses goûts, mais se montrer compréhensif, indulgent, patient… C'est un sacrifice, mais ce sacrifice est une force, oui, et voilà la grande idée devant laquelle vous devez vous incliner. Évidemment, il y a quelque chose en vous qui résiste : le sacrifice sous-entend des contraintes, des pertes. Mais sachez que c'est votre nature inférieure qui riposte ; votre nature supérieure, elle, se réjouit.

Cessez de tout ramener à vous, à vos opinions, à vos sentiments, à vos désirs. Fixez-vous un idéal élevé et lumineux, car c'est lui qui engloutira ces mille difficultés que vous rencontrez chaque jour dans vos relations avec les autres. Vous ne verrez même plus ces difficultés, et même si vous les voyez, elles ne vous affecteront pas.

Quand Jésus disait : *« Je suis la lumière du monde »,* il s'identifiait au soleil. Qui est, en effet, la lumière du monde, sinon le soleil ? Le soleil, image visible, éclatante de la Divinité. S'identifier à la lumière signifie reconnaître qu'on est autre chose que ce que révèle notre apparence physique, reconnaître qu'on possède une autre nature, qu'on est fait d'une quintessence spirituelle à laquelle on décide de céder la place.

Pour avoir pu dire : *« Je suis la lumière du monde »,* pour avoir trouvé en lui cette lumière et s'être élevé jusqu'à elle, c'est que Jésus était parvenu à s'identifier au soleil spirituel : le Christ. Et c'est cela le véritable amour, cette force irrésistible qui pousse un être à chercher ce qu'il y a de plus pur, de plus divin en lui-même et, quand il l'a trouvé, à se fondre dans cette réalité. Oui, l'amour, c'est cette attraction qui fait que, à cause de l'étincelle que Dieu a déposée dans son âme, l'homme a besoin de Le retrouver et de se fondre en Lui.

Si vous avez les qualités nécessaires, vous pouvez peut-être vous imposer aux humains pour leur montrer votre puissance, mais devant le Seigneur, vous devez au contraire vous effacer, jusqu'à vous fondre en Lui pour ne faire qu'un avec Lui. Oui, c'est en devenant petit devant le Seigneur jusqu'à disparaître qu'en réalité vous devenez grand. Tandis que si vous vous dressez en face de Lui, vous ne faites que vous affaiblir et vous n'êtes plus rien.

Et qu'est-ce qui en vous doit se diminuer devant le Seigneur ? Votre nature inférieure. C'est elle qui doit mourir en tant qu'élément séparé du Tout, pour que par votre nature supérieure, vous puissiez vivre la vie illimitée du Tout. À ce moment-là, ce n'est plus vous qui vivez, mais le Seigneur qui vit en vous. C'est évidemment dans le plan psychique, spirituel, qu'il faut comprendre ce processus. Le but de toute discipline spirituelle est que l'homme se connaisse un jour comme étant Dieu Lui-même, et c'est là le sens de cette formule du Jnani-yoga : « Moi, c'est Lui ».

Il y a modèle et modèle. Quelqu'un se fait remarquer parce qu'il s'impose ou réussit dans tel ou tel domaine. Alors, immédiatement beaucoup d'autres veulent l'imiter. Mais si c'est l'argent, les possessions, le rang social qui font sa supériorité, il n'est pas un bon modèle. Pourquoi ? Parce qu'il entraînera les gens dans une voie où on est toujours poussé à dominer les autres, à les évincer, à les humilier. Tandis que celui qui se distingue par ses qualités spirituelles : la bonté, la sagesse, la maîtrise, la noblesse, la générosité, la pureté, l'abnégation… celui-là est un bon modèle, car il aidera les autres à marcher dans la bonne voie et à trouver le vrai bonheur.

Tous les humains ont besoin de modèles, non pas de modèles de réussite matérielle, sociale, mais de modèles qui leur font prendre conscience de leurs véritables richesses, les richesses du cœur, de l'âme et de l'esprit.

Tout en continuant à assumer les tâches et les responsabilités que lui impose la vie matérielle, familiale, sociale, le spiritualiste s'efforce d'éveiller sa conscience aux réalités de ces mondes éloignés qui ne cessent de nous envoyer des messages.

Remâcher ses problèmes n'est pas le meilleur moyen de les résoudre. Au contraire, il vaut mieux les oublier un moment et apprendre à utiliser les centres spirituels que Dieu a placés en nous pour entrer en communication avec les régions supérieures et leurs habitants, pour nous harmoniser avec eux, pour entrer dans leur aura, leur bonheur, leur paix. Le jour où vous arriverez à en capter seulement quelques ondes, vous entendrez toutes ces entités célestes vous parler de votre avenir, des richesses que vous possédez, de la vie qui sera la vôtre quand votre conscience s'éveillera enfin au monde divin.

Dans la nature l'eau se purifie par infiltration ou par évaporation. En s'infiltrant dans la terre, elle traverse différentes couches où elle abandonne les dépôts dont elle est chargée et elle ressort purifiée, potable. Symboliquement, ce chemin est celui que suivent la plupart des êtres : ils ne cessent d'être comprimés, écrasés par les événements et ce sont ces souffrances, ces très fortes pressions qu'ils ont à subir, qui les purifient.

Le spiritualiste, lui, tâche de choisir la deuxième méthode : l'évaporation. C'est le soleil qui le purifie et non la terre. De même que l'eau s'évapore sous l'effet des rayons du soleil, celui qui s'expose aux rayons du soleil spirituel, se chauffe et s'élève dans l'air – symboliquement parlant. C'est ainsi qu'il se purifie ; et dans cette purification il éprouve de grandes joies. Puis il redescend pour « arroser » les plantes, les animaux et les hommes.

3 Juin

La forme a toujours des affinités avec la matière, et les êtres qui s'arrêtent uniquement sur la forme perdent l'intensité, la subtilité de la vie, ils se figent. Or, la loi de la vie, c'est l'évolution : de nouveaux courants, de nouvelles forces ne cessent d'apparaître pour casser les formes qui se sont pétrifiées.

Regardez les pierres : il y a toujours des marteaux et des machines pour venir les casser, les broyer. Le destin des pierres, c'est d'être cassées. Et le destin de tous les humains qui laissent la matière dominer en eux, c'est aussi d'être cassés un jour. On peut dire que la vie oscille entre deux pôles : l'esprit et la matière. Et lorsque l'esprit qui se caractérise par la mobilité, la souplesse et la subtilité, vient se manifester, rien ne peut résister à ces forces de renouvellement ; toutes les formes qui ont vieilli, qui se sont figées se disloquent. Le temps, c'est-à-dire les forces de la vie, finit toujours par les bousculer pour les obliger à se renouveler.

4 *Juin*

Le problème des inégalités sociales ne sera jamais bien compris ni résolu tant que les humains n'admettront pas que les conditions qui sont les leurs dans cette incarnation dépendent de la façon dont ils ont vécu dans leurs incarnations passées. Les ouvriers qui sont exploités par des patrons sans scrupules se révoltent. « Pourquoi cette injustice ? » demandent-ils. Et les patrons, eux, qui trouvent normal d'être dans l'aisance, le luxe même, font tout pour conserver leurs privilèges. Mais ce que les uns et les autres ne savent pas, c'est que, très souvent, l'ouvrier qui souffre et se révolte a été jadis un patron injuste, cruel ; c'est pourquoi dans cette incarnation il est placé dans des conditions où il doit comprendre ce qu'il a fait souffrir à ses anciens subordonnés.

Alors maintenant, chaque patron, chaque dirigeant d'entreprise doit se dire : « J'ai la chance d'être riche et puissant dans cette vie, mais si je commets des injustices envers mes ouvriers, mes employés, j'en subirai les conséquences dans une prochaine existence. Seigneur, aide-moi à les rendre plus heureux. » Et il n'est pas non plus interdit aux employés de prier pour que leur patron soit mieux éclairé : peut-être à ce moment-là en retireront-ils quelques bénéfices.

La magie est la science et la pratique des influences. Si un objet ou un être exerce sur le monde environnant une influence favorable, on dit que c'est de la magie blanche ; et s'il trouble, désorganise, détruit, on dit que c'est de la magie noire. En ce sens on peut considérer que tout est magie : les gestes, les paroles, les regards, les sons, les couleurs, les formes géométriques… De même les animaux, les plantes, les minéraux : dans la mesure où ils agissent sur les êtres, les attirent ou les repoussent, les guérissent ou les rendent malades, ils possèdent un pouvoir magique. Quand nous regardons le soleil, les étoiles, les montagnes, les lacs, nous sentons qu'ils agissent sur nous et nous influencent ; et nous aussi, d'une certaine manière, nous les influençons.

Dans l'univers tout est magie, parce que tout n'est qu'influences réciproques. Quand vous l'aurez compris et que vous vous efforcerez à penser, à sentir, à agir d'une façon constructive, harmonieuse, vous deviendrez un mage blanc.

La science, autant que la religion, est responsable de l'évolution de l'humanité. Les vrais savants sont ceux qui voient les conséquences que peuvent avoir leurs découvertes dans tous les domaines de l'existence, et jusque dans le domaine psychique ; car le monde physique et le monde psychique obéissent aux mêmes lois, et chaque découverte dans le monde physique peut avoir aussi une application dans le monde psychique.

Les physiciens ont fait des découvertes sur les ondes et les courants de forces qui circulent dans l'espace, sur la lumière et sa puissance. Les applications pratiques qui en ont découlé sont extraordinaires, bien sûr : le téléphone, la radio, la télévision, le laser… et tellement d'autres encore ! Mais les humains eux-mêmes, quels bénéfices en ont-ils retirés pour leur propre évolution ? Ils auraient dû comprendre qu'ils sont eux-mêmes des émetteurs et des récepteurs d'ondes et de courants, que la pensée possède les mêmes pouvoirs que la lumière. Il est dangereux de ne trouver au progrès scientifique que des applications matérielles qui rendent l'existence plus facile. Pour être un véritable progrès, le progrès scientifique doit indiquer de nouvelles orientations psychiques, spirituelles.

Étudiez votre démarche afin de l'améliorer si c'est nécessaire. Efforcez-vous de marcher avec souplesse, légèreté, la tête droite. Marcher courbé est une très mauvaise habitude. De même que taper fortement du talon à chaque pas : la personne qui marche ainsi ignore qu'elle violente son cerveau, car chaque secousse se répercute sur lui ainsi que sur tout le système nerveux, et quelques années après, dans sa manière de penser et d'agir elle manifestera de la grossièreté et de la violence.

Si vous êtes fatigué après une demi-heure ou une heure de marche, c'est que vous ne savez pas non plus marcher. Quand on sait adopter un rythme correct, la marche donne des énergies, et même si au départ on était fatigué, on sent au fur et à mesure les forces revenir. Il existe un rythme de marche que chacun doit chercher à acquérir et qui ne fatigue pas. Quand vous sentez en marchant que les forces commencent à circuler en vous, c'est que vous avez trouvé le bon rythme.

Chacun est spontanément attiré par telles ou telles personnes parce qu'il les trouve sympathiques, agréables, amusantes, originales, séduisantes, ou il ne sait même pas pourquoi, et cela indépendamment de leur valeur morale. C'est naturel, mais pourquoi ne pas chercher à mieux connaître ces personnes avec qui on souhaite se lier, car l'amitié et l'amour supposent la confiance.

En général, chaque être possède différentes qualités et vertus qu'il manifeste plus ou moins suivant les circonstances. Mais il y a d'autres qualités dont vous pouvez être sûr qu'il les manifestera quoi qu'il arrive. Tâchez de les découvrir pour savoir sur quoi vous devez compter. Quant à ses défauts, ils n'empêchent pas que vous ayez de l'affection pour lui, mais vous devez les connaître aussi, afin de ne pas vous exposer à des déceptions et des malentendus.

Une religion n'est véridique que dans la mesure où elle se rapproche de la religion solaire. Et, quoi qu'en disent les chrétiens qui n'ont pas encore bien compris sa pensée, la religion apportée par Jésus était une religion solaire. Oui, quand Jésus dit par exemple : *« Soyez parfaits comme votre Père céleste est parfait »*, comment pouvons-nous avoir une idée de la perfection divine ? Uniquement en prenant le soleil pour modèle.

Pour devenir vraiment parfait, nous ne devons même pas prendre des saints ou des Initiés pour modèles, mais seulement le soleil. Un Initié vous donnera, bien sûr, l'exemple de grandes vertus, mais il sait qu'à côté du soleil, il n'est rien. C'est pourquoi il se manifeste avec humilité, il s'incline devant le modèle du soleil en sachant que, quoi qu'il fasse, sa lumière, sa chaleur et sa vie ne peuvent se comparer à la lumière, à la chaleur et à la vie du soleil.

En une seule journée, combien de pensées et de sentiments divers peuvent traverser un être humain ! C'est pourquoi dans ses vibrations, ses émanations, il n'est jamais le même. Mais ces changements sont le plus souvent imperceptibles, et il faut bien des années pour qu'on se rende compte que son visage, la couleur de sa peau, sa silhouette ou la matière même de son corps se sont modifiés.

Celui qui se laisse aller à une vie chaotique, qui nourrit des pensées et des sentiments grossiers, est en train d'avilir tout son être, et bientôt son expression, son regard, sa voix, ses gestes, finiront par se ressentir de cet avilissement. Mais qu'il s'efforce de s'accorder avec le monde divin, de respecter ses lois, peu à peu quelque chose va se redresser en lui, s'éclaircir, se purifier. Comme l'eau d'un torrent souterrain transforme les rochers et les galets sur lesquels elle coule, les courants divins qui traversent l'homme imprègnent de lumière les particules de son corps, et c'est une véritable métamorphose qui commence à s'opérer en lui.

L'annonce d'un événement tragique ou d'une très heureuse surprise peut provoquer une telle émotion chez un être qu'il en est terrassé. Pourtant, qu'est-ce qu'une nouvelle ? Comment se fait-il que cette chose immatérielle soit capable de bouleverser quelqu'un au point de le rendre malade, fou, de le tuer même… ou au contraire de produire une guérison miraculeuse ?

Une mère est paralysée depuis des années. Une nuit, un incendie se déclare dans la maison. Son enfant dort dans une autre chambre. Le choc que produit sur elle la pensée que son enfant peut brûler vif est si fort qu'elle s'élance pour le saisir et le mettre à l'abri. Oui, sous l'effet de son amour, le contact entre le système nerveux et les muscles s'est à nouveau rétabli. C'est arrivé très rarement, bien sûr, mais c'est arrivé. Alors, pourquoi ne pas étudier ces phénomènes ? Vous me direz qu'on les connaît depuis longtemps. Oui, peut-être, mais cela vous a-t-il amené à étudier ces mécanismes afin d'améliorer certains de vos états ?

Aucune interprétation correcte des Livres sacrés n'est possible sans une discipline fondée sur le développement de nos organes spirituels. C'est en développant ces organes que nous acquérons la faculté de nous projeter dans les mondes supérieurs pour y faire des investigations. D'en bas, on ne peut voir qu'une réalité morcelée. Et tant qu'on n'aperçoit pas un ordre, une structure, c'est-à-dire les liens qui unissent tous les éléments, tous les étages de la création, on ne peut pas interpréter correctement des textes qui ont été inspirés par la vision de l'unité divine.

Les Livres sacrés de l'humanité sont la transposition d'expériences que des êtres ont faites dans le monde d'en haut, un monde qui n'est pas celui que perçoivent nos cinq sens. Donc, pour comprendre ces êtres, pour connaître leur pensée, il faut comme eux aller chercher en haut, afin de voir ce qu'ils ont vu et sentir ce qu'ils ont senti.

13 Juin

Lorsque le Ciel propose une mission grandiose à un Initié qui redescend s'incarner sur la terre, il ne lui cache pas toutes les épreuves qu'il aura à traverser, car c'est en triomphant de ces épreuves qu'il réussira à remplir sa mission. Bien sûr, il n'est pas réjouissant pour lui de voir ce qui l'attend, mais c'est le but qui compte, pas autre chose, et il accepte. Mais au moment où il se réincarne, les Seigneurs des Destinées lui enlèvent la mémoire : il ne sait plus rien de sa mission ni des épreuves qu'il aura à traverser, il est comme un homme ordinaire, et il souffre… Jusqu'au jour où il comprend que le Ciel s'est servi de lui pour réaliser ses projets grandioses, et que s'il avait eu une existence facile, il n'aurait rien fait… juste un trou dans l'eau, comme beaucoup.

Évidemment, chaque être humain ne peut pas expliquer ses épreuves par une mission grandiose que le Ciel lui a confiée, mais chacun doit savoir que d'après la façon dont il aura surmonté ses difficultés, le Ciel jugera s'il peut ou non compter sur lui pour l'avenir.

14 Juin

Pourquoi commenter toujours les imperfections des autres ? Tâchez de vous perfectionner, vous. Quand vos parents, vos amis verront combien vous avez changé, ils seront obligés de se transformer eux aussi. Le travail que l'on fait sur soi-même est contagieux, magique : les autres le sentent et sont poussés, quelquefois même malgré eux, à faire quelque chose pour s'améliorer. Ce n'est pas si facile de changer les humains. Le Seigneur Lui-même n'y est pas encore arrivé, comment vous, y arriverez-vous ?

Laissez donc les autres tranquilles, et pensez seulement à travailler sur vous-même. Quand ils sentiront que vous êtes devenu plus sage, plus fort, plus généreux, plus fraternel, peut-être seront-ils poussés à vous imiter. Ne perdez plus votre temps en critiques et en lamentations. Occupez-vous seulement de vous ; à ce moment-là vous n'aurez plus autant de soucis, vous ne vous rongerez plus et les efforts que vous ferez ainsi accéléreront votre évolution.

Avec les moyens techniques qui sont maintenant à leur disposition, les chimistes arrivent à extraire, des métaux, des minéraux et des plantes, une quantité d'éléments qui sont ensuite utilisés pour la fabrication de différents produits. Et de plus en plus ils pénétreront dans les trésors secrets de la nature, ils découvriront que tout ce qui existe est composé d'éléments dotés de propriétés particulières dont il est possible de bénéficier.

Et ne soyez pas étonné si je vous dis que la nature, c'est également l'être humain. Quand vous vous déciderez à pénétrer dans cet immense laboratoire que vous êtes vous-même, vous y trouverez tous les éléments dont vous avez besoin pour votre développement physique, psychique et spirituel. Rien ne vous interdit d'aller rechercher ces éléments à l'extérieur, mais n'oubliez jamais que tout est en vous et que c'est cette conscience de vos richesses, de vos pouvoirs, que vous devez vous efforcer d'acquérir, de développer. Le jour où vous vous sentirez réellement porteur de tous ces éléments, c'est dans ce trésor intérieur que vous ne cesserez de puiser.

Quelles que soient les découvertes scientifiques et techniques, ce n'est pas sur elles qu'il faut compter pour trouver des solutions aux problèmes qui se posent à l'humanité. Et même les chercheurs, si exceptionnels soient-ils, ne découvriront pas le sens de leur vie en se contentant d'explorer la matière. Pourquoi ? Parce que le domaine dans lequel ils effectuent leurs recherches, de même que leurs instruments, leurs laboratoires, leurs objets d'étude, tout cela reste extérieur à eux.

On a vu ainsi des savants qui avaient fait des découvertes fantastiques, et même reçu le prix Nobel, partir intérieurement à la dérive. S'ils avaient connu la philosophie des Initiés et appliqué leurs méthodes, les découvertes qu'ils ont faites les auraient renforcés, éclairés intérieurement aussi. C'est tellement dommage pour eux ! Quel sens cela a-t-il de faire des découvertes qui facilitent la vie des autres, alors qu'on reste soi-même plongé dans les ténèbres et le désarroi ?

Il n'y a pas tellement de place pour vous dans la société ?... Vous ne trouvez pas de conditions pour agir et vous imposer par vos capacités ?... Ce n'est pas une raison pour vous sentir inférieur ou inutile. En réalité, vous pouvez prendre une valeur extraordinaire, unique, en participant au travail pour la venue du Royaume de Dieu et sa Justice sur la terre. Quand, dans chaque pensée, chaque sentiment, chaque action, vous mettez l'idée du Royaume de Dieu, vous sentez que se développe en vous quelque chose qui vous donne votre vraie place, et rien ni personne ne peut vous l'enlever.

Et qu'importe si d'autres occupent le devant de la scène ! Un jour ils seront de toute façon obligés de la quitter. Et pendant ce temps, vous qui, loin des regards, travaillez pour le Royaume de Dieu, vous sentez grandir dans votre âme quelque chose qu'aucune considération, aucune gloire humaine ne peut éclipser ni même égaler.

Nous devons nous instruire auprès du soleil car il est l'image de la perfection. Vous direz : « Mais que peut nous apprendre cette boule de feu ? Le soleil ne pense pas, il ne parle pas ! » Eh bien, c'est là que vous vous trompez. Sa lumière, sa chaleur et sa vie sont un langage, et parmi les plus éloquents. Regardez : cette lumière et cette chaleur qu'il envoie dans l'univers, sans s'inquiéter de savoir si ceux qui en profitent le méritent ou sont reconnaissants, n'est-ce pas un langage ? Il les éclaire, les réchauffe et les vivifie tous, sans exception.

Avec le soleil vous avez toujours l'image d'un être rayonnant, généreux, et en le regardant vous êtes influencé. En admettant même qu'il ne soit pas une créature intelligente et raisonnable au sens où nous l'entendons, le contact de sa chaleur et de sa lumière ne peut que nous inspirer des sentiments plus fraternels à l'égard des autres : la patience, l'indulgence, le pardon.

19 Juin

L'existence personnelle est quelque chose de minuscule, pourquoi en faire le centre de ses préoccupations ?… Que sont vos petits problèmes en regard de l'immensité, de la richesse de cette vie que vous présente un enseignement spirituel ? Si vous gardez encore et toujours votre regard tourné sur vous-même, sur ce qui vous plaît ou vous déplaît, sur ce qui vous convient ou ne vous convient pas chez les autres, vous ne vous mettrez jamais vraiment au travail et vous resterez englouti sous un monceau de choses insignifiantes, alors que l'espace infini s'ouvre devant vous.

Cessez de tourner autour de vous, de votre conjoint, de vos enfants, de vos proches, de vos voisins… Croyez-vous que les astres fixent leur regard sur votre vie familiale ou sociale ? C'est à vous de tourner votre regard vers les astres et tout le monde s'en portera mieux.

20 Juin

Pour dire qu'un bâtiment existe, il faut qu'il soit construit et qu'on puisse le voir. Mais en réalité son véritable créateur, c'est celui qui en a fait le plan, l'architecte. Même si ce bâtiment n'est pas encore visible, tangible, il est déjà créé dans la tête de quelqu'un. Il reste maintenant à le construire, c'est-à-dire à le former à l'aide de différents matériaux. La création précède toujours la formation, elle a lieu très haut dans le monde des Idées, et elle peut être instantanée.

Dieu a créé le monde en un instant. C'est la formation qui a pris du temps ; c'est avec la formation que le temps est apparu. C'est pourquoi on parle des six jours de la création. Bien sûr, ces six jours sont symboliques, ils représentent le temps qu'il a fallu pour la formation. La création, qui est instantanée, appartient à l'éternité.

L'archange Ouriel préside à l'été.

L'été est la saison de la maturité. Et Ouriel, c'est le feu, la chaleur, la flamme. Depuis longtemps déjà, les arbres ont fleuri et les fleurs doivent donner des fruits. Mais qu'est-ce qu'une fleur ? C'est l'organe de la plante qui se rapproche le plus du règne animal. Cette partie animale de la plante possède la sensibilité, avec quelque chose qui s'apparente au système nerveux : elle s'ouvre à la lumière et se ferme dans l'obscurité.

On peut encore aller plus loin et dire que c'est dans la fleur que se forme le corps astral de la plante. La fleur est en fait le sexe de la plante, c'est là qu'a lieu la fertilisation. Dans la nature et dans l'être humain, l'archange Ouriel travaille donc avec la chaleur pour que les fleurs produisent des fruits.

Combien de spiritualistes abandonnent leur travail parce qu'ils trouvent que les résultats se font attendre ! Ce n'est pourtant pas que l'enseignement qu'ils ont reçu soit erroné, ni que les méthodes qu'on leur a indiquées soient inefficaces ; c'est eux qui n'ont pas su procéder correctement. Et surtout ils sont pressés, parce qu'ils sont paresseux, ils sont vite fatigués de faire des efforts, ils vivaient dans l'illusion qu'il existe des moyens pour surmonter rapidement les difficultés. Eh non !

Bien sûr, il se passe un peu quelque chose comme ça avec la médecine ; des comprimés, quelques piqûres, et voilà, il arrive qu'on soit de nouveau sur pied. Malheureusement, avec le travail spirituel, il en est tout autrement ; là, il n'y a ni comprimés, ni piqûres ; là, il faut entreprendre un long travail sur sa propre matière, la cuire, la malaxer, la modeler, et celui qui prétend vous révéler des secrets qui en peu de temps vont vous transformer, vous et votre vie, est un charlatan. Ce qui peut arriver d'un seul coup, c'est la révélation d'une vérité, ou d'une nouvelle orientation à prendre, mais ensuite il faut travailler, travailler… C'est une entreprise sans fin.

L'univers forme une immense unité où tout est lié. Donc, tout objet matériel a un correspondant dans les plans subtils, et particulièrement dans le plan astral. C'est sur cette loi que les mages fondent leur activité : ils lient tel objet physique à tel courant de forces qui lui correspond, cet objet leur servant de support pour mobiliser les forces.

Un objet aux lignes harmonieuses, aux belles couleurs et fait d'une belle matière correspond dans les plans subtils à quelque chose de bénéfique et de vivifiant. Vous pouvez vous en servir pour remuer les couches supérieures du plan astral, grâce à ces puissances que représentent les vertus divines. En même temps que vous vous concentrez sur ces vertus et les renforcez en vous, cet objet vous sert à toucher des forces bénéfiques qui se déverseront sur vous et sur les êtres autour de vous.

24 Juin

Les Français emploient l'expression « faire l'amour », oui, mais on ne peut pas dire que celui qui l'a inventée ait été tellement bien inspiré. Car l'amour, personne ne peut le faire, c'est un courant de forces qui nous dépasse, nous n'en sommes pas les maîtres et encore moins les créateurs.

L'amour est une puissance, un principe qui vient de Dieu Lui-même. C'est une énergie, et c'est cette énergie que nous laissons passer à travers nous quand nous aimons. Mais comme il est rare que les humains sachent aimer, cette énergie ne passe pas harmonieusement. Donc, ils disent qu'ils « font » l'amour, c'est-à-dire qu'ils se mettent dans certaines positions, font certains gestes, prononcent certaines paroles… mais est-ce que l'amour est là ? Ce n'est pas sûr.

25 Juin

La terre, l'eau, l'air et le feu, les quatre éléments qui constituent la matière de la création, sont aussi pour nous une nourriture. Chaque jour nous prenons des aliments solides et liquides ; et l'air que nous respirons nous nourrit aussi. Quant au feu, il est contenu dans ces différentes nourritures, mais également dans la lumière du soleil. Toutes les créatures bénéficient de la lumière du soleil, mais le plus souvent inconsciemment. Si elles le faisaient consciemment, ce serait pour elles une source de richesses extraordinaires, car la véritable nourriture est là.

Manger, respirer nous apporte la vie. Mais quand nous nous concentrons sur la lumière du soleil qui se lève, notre âme et notre esprit se nourrissent de feu et de lumière, et c'est alors que nous nous sentons véritablement vivants.

Pour remuer la matière immobile des pierres, Dieu a créé les plantes. Les plantes sont des entités intelligentes, mais leur âme flotte très loin d'elles dans l'espace, si bien que nous ne pouvons pas entrer en communication avec elles comme nous entrons en communication avec les animaux, et davantage encore avec les humains qui, eux, sont habités par une âme individuelle.

À travers les plantes se manifeste le premier rayon de l'amour de Dieu. Les plantes sont les premières à vivifier la matière inerte, et elles lui parlent ainsi : « Ô vous, créatures qui vivez dans les pierres, vous êtes là depuis des milliards d'années et vous vous croyez abandonnées. Mais Dieu pense à vous et vous reprendrez peu à peu le chemin de la lumière. Ce sera long, mais vous y arriverez… » Et elles continuent à travailler sur la matière minérale, à l'assouplir, à l'humecter. Ensuite viennent les animaux qui poursuivent cette élaboration. Puis les humains… C'est ainsi que la matière se vivifie, s'enrichit, s'illumine.

L'unité est une des conditions de la vie, et elle ne peut être réalisée que si on respecte cet ordre des choses où non seulement l'inférieur accepte de se soumettre au supérieur, mais où les activités de chacun convergent soit vers un sommet, soit vers un centre. Cet ordre des choses a pour nom hiérarchie.

En nous aussi existe cette hiérarchie depuis les pieds jusqu'au cerveau. Pour que l'ensemble que nous formons soit harmonieux, équilibré, il faut que tous nos organes tendent vers un même but, en s'associant et en donnant leur consentement à un principe qui est le sommet ou le centre : l'esprit ; et c'est alors que se fait l'unité.

Ils ne s'en rendent évidemment pas compte, mais à cause de leur façon de vivre déplorable, beaucoup de gens deviennent de véritables ennemis de l'humanité. Et si on essaie de le leur faire comprendre, ils ripostent : « Mais comment ? Ma façon de vivre ne regarde que moi, je suis libre, c'est seulement à moi que je fais du mal. » Eh bien, non, en réalité, lorsqu'ils se déplacent et entrent en contact avec d'autres personnes, ils obscurcissent et empoisonnent l'atmosphère, créant par leurs émanations des désordres chez les autres aussi.

Il faut le savoir, pour le mal comme pour le bien il n'y a pas de frontières entre soi et les autres. Quand vous vous faites du mal, vous en faites aussi à l'humanité tout entière, car le mal ce sont des ondes qui se propagent. Et le bien aussi. Alors, quand vous vous purifiez, quand vous cherchez la lumière, c'est l'humanité et même l'univers tout entier qui en bénéficient. Essayez de comprendre cela et vous vous sentirez obligé de chercher la meilleure orientation pour votre vie.

Beaucoup d'activités auxquelles se livrent les humains peuvent être interprétées symboliquement. Celles de la couturière ou de la brodeuse par exemple. L'une et l'autre travaillent avec du tissu, une aiguille et du fil. « Eh bien, direz-vous, qu'y a-t-il là de tellement intéressant à comprendre ? »

Pour celui qui sait interpréter, chacun de ces trois objets : fil, aiguille, tissu, correspond à quelque chose dans l'être humain. Le fil, c'est sa pensée, l'aiguille, c'est sa volonté qui entraîne la pensée. Tirée par la volonté, la pensée accomplit donc son travail sur le tissu : le plan physique. L'aiguille et le fil dessinent sur le tissu des images colorées ou ternes, harmonieuses ou désharmonieuses, claires ou sombres. Ces images dépendent de l'intelligence, de la volonté et aussi de la matière de l'être humain ; elles racontent l'histoire de toute sa vie.

Le mariage n'est pas uniquement une institution humaine, il est une réalité cosmique. Car le véritable mariage est celui de l'esprit et de la matière ; c'est de lui que procède toute la création. Chaque atome est le fruit du mariage de l'esprit (l'énergie) et de la matière. Dans la fission de l'atome, quand on sépare le mari de la femme, cette séparation pulvérise tout : le mari furieux détruit sa femme. Unis, ils vivaient en paix et ils créaient ; séparés par la force, ils produisent des explosions.

L'énergie doit s'unir à la matière pour la façonner, lui donner forme. Et comme c'est toujours le même modèle originel qui se reproduit exactement à travers la création sous une multitude d'aspects différents, dans la nature et dans les sociétés humaines on ne voit que des mariages.

1 Juillet

Les humains ont tous une même origine, et avant de commencer leur longue pérégrination loin de leur patrie céleste, ils vivaient dans le sein de l'Éternel. De ce paradis ils ont donc nécessairement gardé un souvenir, comme des lueurs extrêmement lointaines. Mais au cours de leurs incarnations successives ils n'ont pas tous fait les mêmes expériences : tandis que certains allaient s'égarer dans des chemins tortueux et obscurs, d'autres ont gardé au fond d'eux-mêmes une conscience plus claire de leur origine divine. C'est pourquoi devant certaines révélations de la Science initiatique, ils se disent : « Oui, c'est ça, la vérité… Je le savais déjà ! »

Quant à ceux qui se sont laissé entraîner dans le désordre et le chaos, ils sont fermés à toutes les révélations. Pour qu'ils retrouvent ces vérités, ils doivent essayer de reprendre le chemin vers le haut en se purifiant, c'est-à-dire en travaillant sur leurs pensées et leurs sentiments avec l'amour et la sagesse.

Il est important de veiller à la qualité de la nourriture, mais plus important encore est l'état psychique dans lequel on mange, car on peut aussi s'empoisonner avec la nourriture la plus saine quand on ne prend pas certaines précautions. Comment ? Si, en même temps que vous portez des aliments à la bouche, vous êtes agité par des pensées et des sentiments négatifs, ces aliments s'imprègnent des poisons dont ces pensées et sentiments sont porteurs, et ils vont diffuser ces poisons dans tout votre organisme. Eh oui, sachez-le : la nourriture, au fur et à mesure que vous l'absorbez, s'imprègne des éléments nocifs que vous êtes en train d'émettre, et elle vous empoisonne. Évidemment, le contraire est vrai aussi.

Il est normal d'être momentanément troublé ou irrité par certains événements ; mais alors, même si c'est l'heure du repas, attendez un peu pour manger d'avoir retrouvé la paix et l'harmonie intérieures. Et si vous ne pouvez pas, si vos obligations nécessitent que vous mangiez à ce moment-là, faites au moins l'effort de vous concentrer sur la nourriture en l'imprégnant de votre respect et de votre reconnaissance : en pénétrant en vous, ces sentiments, dont elle devient le support, transformeront vos états négatifs.

3 Juillet

« Dieu est en moi lumière, les anges sont la chaleur, les hommes sont la bonté », à prononcer trois fois. Puis : « Dieu est en moi lumière, mon esprit est la chaleur et je suis la bonté », à prononcer trois fois. Ces formules données par le Maître Peter Deunov sont des affirmations. « Je suis la bonté. » Oui, même le méchant finira par devenir bon, s'il répète ces paroles avec conviction et le désir sincère de s'améliorer. Les humains ne connaîtront ni ne comprendront rien de Dieu tant qu'ils ne sentiront pas qu'Il est en eux comme vie, comme force, comme amour, comme lumière. La véritable révélation est là, dans la sensation, la certitude que le Seigneur est en nous et que nous sommes fusionnés à Lui, qu'il n'y a aucune séparation entre Lui et nous.

Ces formules du Maître Peter Deunov rappellent certaines paroles de Jésus qui sont, elles aussi, de puissantes affirmations : *« Mon Père et moi nous sommes un », « Mon Père céleste travaille, et moi aussi je travaille », « Je suis la résurrection et la vie », « Je suis la lumière du monde. »* Ces phrases que Jésus a prononcées représentent le but que nous devons, nous aussi, atteindre afin de devenir véritablement fils de Dieu.

Quand on voit ce que les humains appellent liberté, c'est en réalité le mot « libertinage » qui serait plus approprié. Pourquoi ? Parce qu'ils veulent être libres pour se laisser aller à la paresse, aux plaisirs, aux passions, sans se rendre compte que c'est là justement qu'ils se limitent et deviennent esclaves.

La véritable liberté ne s'obtient pas en s'affranchissant de toutes les contraintes, mais en se faisant serviteur. Oui, mais serviteur de Celui qui est absolument libre : Dieu. Dieu est le seul être réellement libre dans l'univers, Il ne dépend de rien ni de personne, et c'est Lui qui, consciemment, volontairement, s'est limité dans sa création. Si vous voulez vraiment être libre, faites-vous le serviteur du Seigneur, cherchez à vous fondre en Lui : c'est sa liberté qui pénétrera alors en vous.

5 Juillet

Notre corps physique est fait de matière, et parce que la matière est soumise au temps, elle s'use, s'effrite, se désintègre. C'est ce que nous appelons vieillir, et les rides, les cheveux blancs, les rhumatismes, etc., sont les signes évidents de ce vieillissement, ce qui n'est pas, bien sûr, une constatation agréable. Mais nous ne sommes pas uniquement un corps physique, et si son vieillissement est dans l'ordre naturel des choses, intérieurement rien ne nous oblige à vieillir avec lui. Il n'y a donc pas tellement à s'inquiéter !

Les personnes que chagrinent tellement les marques de l'âge constatées chaque jour devant leur miroir sont en général déjà vieillies intérieurement. Au lieu de se préoccuper d'entretenir ce qui est en elles chaleureux et vivant : leur cœur, elles s'identifient à leur corps, elles s'identifient à la matière. Mais c'est leur cœur, pas leur corps, qui fait qu'elles sont jeunes ou vieilles, et si leur cœur vieillit, c'est qu'elles le lui permettent. Pour ne pas vieillir, il faut garder son amour pour les êtres et les choses, ne jamais perdre son intérêt, sa curiosité pour la vie qui est là, tout autour, tellement riche et abondante.

L'abeille est un symbole de l'Initié qui a appris à tout transformer, sublimer et illuminer en lui-même pour préparer du miel. La ruche est en lui, et le miel, ce sont les éléments les plus purs, les plus subtils qui se dégagent de tout son être, ses émanations.

Chaque être est appelé à rechercher et extraire une quintessence de lui-même afin de la transformer en miel. Pour cela il doit travailler avec l'intellect, le cœur et la volonté, car l'intellect, le cœur et la volonté sont les instruments grâce auxquels il peut tout réaliser dans son alambic intérieur. Et c'est cela aussi la véritable alchimie. Le véritable alchimiste a appris une chose : comment devenir une abeille, comment extraire le meilleur de tout ce qui se trouve dans la nature et surtout chez les êtres humains. Il les regarde, leur parle et chacun d'eux est une fleur dont il puisera le nectar pour préparer du miel.

Même dans leur vie spirituelle les humains n'arrivent pas à se détacher de la matière. Ils visitent des lieux saints, font des pèlerinages, vénèrent des reliques… mais ce n'est pas en s'accrochant ainsi à des lieux ou des objets matériels qu'ils arriveront à toucher les grands êtres qui y ont laissé des traces. Au lieu de trouver l'esprit, ils ne trouveront que des antiquités et de la poussière. Au lieu de trouver la vie, ils trouveront la mort.

Seul l'esprit vivifie. Quant aux vestiges, on peut les comparer à… des boîtes de conserve ! Vous voulez manger des petits pois, des abricots ou des sardines ? Vous pouvez ouvrir une boîte de conserve, c'est entendu. Mais ces petits pois, ces abricots ou ces sardines ne possèdent plus la même vie que lorsqu'ils venaient d'être cueillis ou pêchées. Et c'est encore plus vrai dans le plan spirituel. Alors, laissez les conserves et allez vers un restaurant qui vous donnera toujours la nourriture la plus fraîche : ce restaurant, c'est le soleil. Du jour où vous vous déciderez à le fréquenter, vous trouverez cette lumière, cette chaleur et cette vie dont se sont nourris tous les grands êtres dont vous cherchez la trace.

Vous trouverez toujours des gens pour prétendre qu'il est impossible de savoir où sont le bien et le mal. En réalité, ils le savent parfaitement, mais ça les arrange de faire les ignorants : ils peuvent ainsi s'abandonner tranquillement à toutes leurs impulsions. Qu'ils raisonnent un peu et ils sauront s'ils vont bien ou mal agir. Ils veulent, par exemple, évincer quelqu'un ? le diminuer aux yeux des autres ? ou le séduire pour le rejeter ensuite ?… Eh bien, qu'ils se mettent dans sa situation, qu'ils s'imaginent ce qu'ils ressentiraient, eux, à sa place, et ils trouveront tout de suite que c'est douloureux, injuste, malhonnête. Comment la lumière leur est-elle venue subitement ? Rien ne peut justifier ceux qui prétendent ne pas savoir comment ils doivent se conduire.

Jésus disait : *« Faites aux autres ce que vous voudriez que l'on vous fasse »*. Alors, c'est clair, n'est-ce pas ?

Le jour où les humains apprendront à mettre en balance les petites contrariétés de l'existence et tous les biens que la Providence leur a largement distribués, ils ne pourront que ressentir de la gratitude. Jusque-là ils continueront à se tourmenter en comparant le peu qu'ils possèdent, soi-disant, avec tout ce que possèdent les autres, plus privilégiés d'après eux. Eh bien, ce sont de très mauvaises comparaisons.

Si vous avez absolument besoin de faire des comparaisons entre vous et les autres, pourquoi ne pas voir tous les avantages que vous possédez, alors que tellement d'êtres humains dans le monde ont à souffrir des persécutions, des guerres, des épidémies, de la famine ? L'ingratitude et le mécontentement constants sont le signe d'un manque d'intelligence : au lieu de prendre conscience des bénédictions dont le Ciel les comble, pourquoi tant de gens ne voient-ils partout que des raisons d'être malheureux ?

Apprenez à contempler le soleil qui se lève comme si vous le regardiez pour la première fois. Dites-lui : « Ô cher soleil, je ne te connaissais pas encore. Je voyais, bien sûr, que tu es beau, et que tu nous distribues chaque jour ta lumière et ta chaleur, mais je n'avais pas encore compris la leçon que tu nous donnes. Maintenant je comprends que tu nous montres le chemin de la vérité, de la perfection, de la plénitude. Je veux devenir comme toi. » Bien sûr, vous ne deviendrez jamais comme le soleil, c'est impossible, mais ça ne fait rien, mettez son image dans votre tête comme un idéal, parce que c'est justement ce qui est impossible qui agit sur nous, qui nous renforce, qui nous transforme.

Oui, pénétrez-vous bien de cette vérité. Seul ce qui est impossible, irréalisable peut vraiment nous inciter à progresser, à aller toujours de l'avant, et c'est pourquoi nous devons prendre le soleil comme un idéal à atteindre.

Les scientifiques du monde entier se mobilisent pour alerter l'opinion sur les dangers que la pollution de l'air, de l'eau et de la terre fait courir à l'humanité. Mais qui pense que dans le monde psychique aussi se propagent des fumées, des gaz d'échappement, des produits toxiques qui sont en train de l'asphyxier ? Beaucoup de maladies actuelles sont dues non seulement à la pollution de l'air, de l'eau et de la nourriture, mais à la pollution psychique.

Si l'atmosphère psychique dans laquelle nous sommes plongés n'était pas tellement polluée, il serait facile de neutraliser tous les poisons extérieurs. Le mal est d'abord à l'intérieur. Quand on se sent intérieurement fort et en harmonie avec soi-même et avec les autres, c'est comme si on était traversé par des courants d'énergies qui rejettent les impuretés, même dans le plan physique ; et l'organisme arrive à mieux se défendre.

La terre est vivante, elle respire, elle mange, et comme toute créature qui mange, elle a aussi besoin d'éliminer, éliminations qui se manifestent parfois par ce que l'on appelle des éruptions volcaniques. Et puisque la terre est vivante, elle ne reste pas non plus insensible aux activités des humains qui vivent sur sa surface et qui ne cessent de la transformer et de l'exploiter pour leurs commodités. Ils la retournent, la fouillent, la creusent ou l'aplanissent, sans jamais se demander s'ils ne sont pas en train de déranger un ordre qu'ils ne comprennent pas. La terre reçoit tout cela comme des démangeaisons, des piqûres, des blessures, et alors de temps à autre elle donne une chiquenaude afin de se débarrasser de ces importuns.

Les humains doivent prendre conscience qu'ils vivent sur la peau de la terre qui les supporte. Elle supporte leurs agissements quelques minutes (c'est-à-dire, à son échelle, quelques milliers d'années), mais à la fin elle se fâche. Alors, ils sont terrifiés, ils souffrent, mais accepteront-ils d'apprendre la leçon ?

Celui qui, désireux d'embrasser la vie spirituelle, quitte prématurément son ancienne vie, se trouve désemparé, sans abri. Il se dit alors qu'il a eu tort de faire ce choix. Mais pas du tout, il a seulement manqué d'intelligence, de prévoyance.

Observez comment travaille la nature : arrache-t-elle une vieille peau avant que la nouvelle au-dessous ne soit formée ? Non. Alors, de la même façon vous devez conserver encore les anciennes formes pendant que vous en construisez de nouvelles. Occupez-vous de créer les conditions pour que l'esprit vienne s'installer en vous, et pendant ce temps, restez provisoirement dans les anciennes formes, tout en vous préparant à les quitter. Voilà la sagesse !

Que de publicité, que de bruit on fait à l'heure actuelle au sujet des besoins du corps physique ! Il n'est question que de le protéger, de l'entretenir, de le soigner, de l'embellir, de le vêtir, de le parer. Mais s'occuper à ce point du corps est dangereux.

Quoi qu'on fasse, le corps est et restera vulnérable, périssable, et fonder toute une culture sur quelque chose qui est aussi rapidement voué à la disparition a des conséquences déplorables sur toutes les autres activités. S'ils manifestent si peu de sagesse, de compréhension, de bonté, c'est parce que les humains vivent avec cette obsession du corps physique. Ils ne savent ni raisonner ni agir correctement, car le point de départ déjà est erroné : ils se sont identifiés au corps physique. Mais qu'ils se concentrent sur les besoins de leur âme et de leur esprit qui échappent aux lois du temps et de l'espace, tout ce qu'ils feront ensuite portera le sceau de la lumière, de l'immortalité, et ce sera l'avènement du Royaume de Dieu.

15 Juillet

Le véritable amour est une vibration d'une extrême subtilité, et pour émettre cette vibration ainsi que pour la capter, il faut beaucoup d'attention, beaucoup de vigilance. Rien n'est plus important que de savoir donner et recevoir l'amour. Celui qui l'a compris ressent une telle plénitude, une telle joie que tout le reste à côté pâlit. Car l'amour est bien autre chose que cette attraction qui pousse les humains les uns vers les autres et qui les fait se séparer quand cesse cette attraction et qu'ils se sentent entraînés vers quelqu'un d'autre.

Le jour où vous saurez ce qu'est le véritable amour, vous retirerez de chaque rencontre des éléments plus purs, plus chaleureux, plus lumineux, des éléments d'immortalité, et chacun de son côté dira : « Mon Dieu, merci ! Tu m'as envoyé un être qui est pour moi comme le soleil qui me réchauffe et m'éclaire pendant l'hiver, comme un fruit délicieux et parfumé qui me nourrit, comme l'eau qui me désaltère, comme l'air qui me rend léger. »

16 Juillet

Lorsqu'il ouvre sa fenêtre, le matin, l'Initié salue toute la nature, le ciel, le soleil… Il dit bonjour au jour et à toute la création. Par ce geste de lever la main, il entre en communication avec la source de la vie. Et la nature lui répond… Il salue les anges des quatre éléments : les anges de l'air, de la terre, de l'eau et du feu, et aussi les gnomes, les ondines, les sylphes, les salamandres, et alors on les voit qui chantent, qui dansent : ils sont contents ! Et aux arbres, aux pierres, au vent, l'Initié dit aussi : « Salut ! Salut ! Bonjour ! »

Et vous, pensez aussi à saluer la nature le matin : vous sentirez intérieurement quelque chose qui s'équilibre, qui s'harmonise. Beaucoup d'obscurités et d'incompréhensions vous quitteront, tout simplement parce que vous aurez décidé d'entrer en contact avec la nature vivante et toutes les créatures qui l'habitent.

La prière est fondée sur le pouvoir de la parole, car la parole est un facteur essentiel pour la réalisation. Mais il faut au préalable que le désir et la pensée soient déjà puissants dans le plan spirituel. La parole prononcée est alors comme une signature qui permet le déclenchement des forces d'en haut.

Vous voulez en priant exprimer un sentiment d'amour, d'adoration envers le Créateur : le sentiment étant quelque chose de purement psychique, vous n'avez pas besoin pour cela d'employer la parole. Mais si vous voulez avoir une réalisation dans le plan physique, à ce moment-là la parole prononcée est nécessaire. Cependant l'essentiel reste l'intensité de la pensée et du sentiment.

Beaucoup de personnes se demandent si les anges existent vraiment. Oui, ils existent. Les anges sont des créatures immortelles faites d'une matière tellement pure, tellement subtile que rien ne peut les atteindre. Ils vivent dans la lumière et la joie parfaite, et ils connaissent tout sauf la souffrance. Car la souffrance n'a de prise que sur une matière qui n'est pas absolument pure. Et un ange ne peut souffrir, parce qu'il est absolument pur.

Il n'existe pas d'anges dans le plan physique, on ne les rencontre qu'à partir des régions supérieures du plan astral*. À la limite du plan astral inférieur et du plan astral supérieur, s'étend une zone intermédiaire où vivent les êtres qui travaillent à se débarrasser de toutes leurs impuretés. Ils sont encore susceptibles d'être tourmentés par les mauvaises influences de l'astral inférieur et du plan physique, mais au moment où ils franchiront cette zone, ils deviendront semblables aux anges.

* Voir note et schéma, p. 376-377.

Chaque jour je vous parle de la vie, car l'étude de la vie, de la vie divine, la vie de notre âme et de notre esprit, est une science sans fin, et c'est ce qui la rend tellement captivante. Une fois que vous avez commencé, vous sentez que vous ne pourrez jamais vous arrêter de faire de nouvelles découvertes. Cette science de la vie, la seule qui vaille vraiment la peine d'être approfondie, est pour le moment dédaignée, méprisée au profit de connaissances qui ne sont pas tellement essentielles. Mais ce qui est méprisé aujourd'hui sera apprécié demain.

La science de la vie, c'est cette pierre dont parle Jésus : *« La pierre que les ouvriers ont rejetée est devenue la pierre d'angle. »*

Si quelqu'un, par besoin d'élargir son territoire ou son influence, cherche à se mêler de vos affaires, à vous évincer, sachez que vous avez toujours la possibilité de vous élancer vers les hauteurs ou de descendre dans les profondeurs de votre être. Et là, ne le laissez jamais entrer, défendez-vous, car votre espace intérieur est celui de la Divinité.

Vous n'avez pas tellement à défendre votre intérêt personnel, vos droits égoïstes, mais vous devez défendre le droit divin en vous. Et que signifie défendre le droit divin ? Ne jamais accepter d'enfreindre les règles de l'amour, de la sagesse et de la vérité, en participant à une entreprise qui peut nuire à votre perfectionnement ou à celui des autres.

21 Juillet

Beaucoup s'imaginent qu'il existe une incompatibilité entre la prière, la méditation et l'action. Eh bien, voilà la plus grande erreur ! Beaucoup d'hommes et de femmes d'action ont été de vrais mystiques. Oh, évidemment, beaucoup aussi ne l'étaient pas ; mais, justement, qu'ont-ils tellement fait de bon ? Celui qui se lance dans l'action sans aller préalablement chercher la lumière auprès de l'Esprit, risque de ne produire que désordre et destruction.

Vous voulez aider les autres ?... Votre action ne sera bénéfique qu'à condition d'être bien orientée. Et comment serait-elle bien orientée si vous ne possédez ni ressources ni lumière intérieures ? Même la personne la meilleure et la mieux intentionnée ne fera pas grand-chose de bon en se fiant à ses seules ressources, à ses seules inspirations. Pour pouvoir vraiment être utile, il faut posséder une grande richesse spirituelle.

Comment se fait-il que l'on puisse se déplacer facilement sur la terre ? Parce que la terre est dure, résistante. Essayez d'avancer sur des sables mouvants, vous serez englouti. Et comment se fait-il que les bateaux se déplacent sur l'eau ? Parce que l'eau aussi résiste. Bien sûr, elle ne résiste pas autant que la terre, mais tout de même, c'est grâce à la résistance du milieu liquide que les bateaux vont d'un point à un autre. Et c'est aussi grâce à la résistance de l'air que les avions peuvent s'élever et voler dans le ciel.

Alors, vous voyez, que ce soit sur terre, sur l'eau ou dans les airs, les déplacements, les possibilités d'avancer sont dues à une certaine forme de résistance. Et il en est de même dans le domaine psychique. Alors, le jour où vous aurez compris l'utilité de cette résistance que représentent les difficultés, les obstacles, non seulement vous ne vous plaindrez plus, mais vous ne verrez plus en eux que des occasions magnifiques d'avancer. Vous direz : « Mais je peux refuser d'avancer ! » Oui, vous pouvez, mais alors vous serez écrasé, piétiné. Parce qu'avancer est la loi de la vie.

Pour beaucoup de chrétiens, la religion se réduit à une série d'articles de foi qui n'ont aucun rapport avec leur expérience quotidienne. Ils acceptent passivement des dogmes qu'on leur a inculqués et dont ils ne savent que faire, et puisqu'ils ne savent qu'en faire, ils continuent à vivre comme n'importe quel mécréant. C'est ainsi que la religion a fini par ne plus avoir grand-chose en commun avec la vraie foi ; il ne reste que des croyances qui ne sauveront personne. Bien sûr, ils sont chrétiens, mais sans travail, sans effort, sans expérimentation, quel résultat peuvent-ils attendre ?

Or, il est dit dans les Évangiles que la foi est capable de transporter des montagnes. Mais tant que les croyants se contenteront de répéter des formules, des gestes, des rites souvent inintelligibles, leur foi ne transportera pas les montagnes, elle ne fera aucun miracle. Et quand je parle de miracle, il ne s'agit ni de guérir les malades, ni de ressusciter les morts, mais de se transformer soi-même, de se ressusciter soi-même.

La vie n'est qu'une sorte de combustion. Aucune manifestation dans l'univers n'est possible sans la combustion d'une matière qui produit de l'énergie. Et l'être humain lui-même ne peut vivre, c'est-à-dire agir, sentir, penser, que si un combustible en lui se consume pour alimenter le processus.

Pour entretenir la vie, il y a toujours quelque chose à brûler. Vous direz : « Mais brûler quoi ? » Oui, voilà la bonne question. Au lieu de brûler vos quintessences les plus précieuses en vous laissant aller aux instincts et aux passions, apprenez à brûler vos instincts et vos passions en renonçant à eux. La jalousie, la colère, la sensualité, il faut les mettre là, dans le feu, le feu de l'esprit, afin que, comme les branches noires et tordues qui alimentent un brasier, elles produisent une lumière, une flamme, une chaleur extraordinaires. Le secret est là : comment brûler toutes nos impuretés pour alimenter le feu céleste.

Lorsque le soleil se lève, le matin, les formes, les couleurs, peu à peu tout commence à apparaître clairement. Ce que le soleil est ainsi pour la nature et le monde physique, la lumière divine l'est pour la conscience de l'homme. La lucidité, la pensée juste ne lui sont données que s'il fait des efforts pour se rapprocher de cette lumière. Dès l'instant où la lumière pénètre sa conscience, tout s'éclaire, et il commence à percevoir la véritable réalité des choses.

Alors, pensez à la lumière, entourez-vous de lumière, introduisez en vous la lumière. Car la lumière est aussi la plus puissante des protections. De même que le feu, la nuit, éloigne les fauves, de même le rayon de lumière que vous projetez par la pensée repousse les présences et les courants obscurs qui menacent votre paix intérieure.

Si les humains n'avaient pas compris combien il est avantageux de s'organiser en sociétés, ils en seraient encore à passer leurs journées dans les forêts à la recherche de leur nourriture. Le jour où ils ont vu l'utilité de se réunir pour mettre en commun plusieurs bras et plusieurs jambes, ils ont bénéficié de cette nouvelle situation, et maintenant tous sont au service de tous et peuvent profiter de tout.

Mais, en réalité, ce n'est que superficiellement que les humains ont résolu le problème de la vie collective. Si extérieurement ils vivent organisés en sociétés, au-dedans d'eux-mêmes ils sont restés isolés, séparés, agressifs, hostiles les uns envers les autres. C'est pourquoi il faut encore travailler pour que ce soit intérieurement, spirituellement, que les êtres arrivent à former la véritable société idéale : la fraternité universelle sur la terre. Ils auront alors atteint la conscience sublime de l'unité et ils vivront dans la plénitude.

La nutrition est un sujet inépuisable, car elle concerne la totalité de notre être. Tout ce que nous absorbons nous enseigne ses secrets. Connaître, c'est introduire en soi les choses et les êtres pour les étudier. La nutrition est la clé de la connaissance : on doit toujours commencer par absorber ce qu'on veut connaître.

En mettant toutes les créatures, même les plus infimes, dans l'obligation de se nourrir, l'Intelligence cosmique les oblige à acquérir au moins un savoir rudimentaire : en mangeant elles commencent à étudier la nature des choses. Pour se développer et apprendre, il faut toujours commencer par goûter. Et ce qui est vrai pour les microbes est encore plus vrai pour les humains. Mais pour les humains, évidemment, manger ne se limite plus au plan physique. Leur cœur, leur intellect, leur âme et leur esprit ont aussi besoin de nourriture. Lorsque vous priez, méditez, lisez, étudiez, lorsque vous contemplez les couleurs, les beautés de la nature, lorsque vous écoutez de la musique, que faites-vous sinon vous nourrir dans les plans supérieurs ?

Qu'est-ce que l'évolution ? Un changement de forme. Pour se manifester, l'esprit a toujours besoin de nouvelles formes, car la forme, elle, n'évolue pas et doit être remplacée. Quand on dit que le temps détruit tout, cela concerne seulement les formes ; sur les principes le temps n'a aucun pouvoir.

Les formes sont utiles, nécessaires, mais après un certain temps, même une religion doit les abandonner pour accueillir des formes nouvelles, plus pures, plus élaborées. C'est pourquoi la chrétienté ne doit pas chercher à éterniser des formes héritées d'un lointain passé ; une telle attitude va contre les décrets de l'Intelligence cosmique qui casse les vieilles formes pour en faire advenir de nouvelles. Alors, que l'Église ne s'étonne pas d'être bousculée ; quoi qu'elle fasse, ses anciennes formes seront cassées. Il faut que les chrétiens comprennent que les formes dans lesquelles leur religion leur a été donnée, il y a des siècles, ont perdu de leur efficacité et doivent être remplacées, afin que le contenu, l'esprit du Christ, puisse mieux s'exprimer.

La terre vit, elle sent, elle respire, elle pense, elle évolue, et elle influence donc les humains. On ne mentionne pas la terre dans les horoscopes, on n'en tient aucun compte, et pourtant chacun est influencé par l'état et la position dans laquelle elle se trouvait le jour de sa naissance.

Nous recevons plus d'influences de la terre que de toute autre planète, parce que c'est d'elle que nous sommes le plus proches. Pourquoi la lune a-t-elle plus d'influence sur nous que le soleil ? Parce qu'elle est plus près. Et la terre, qui est encore plus près de nous puisqu'elle est justement notre « pied-à-terre », nous influence encore davantage par ses différents états. Il y a des moments où elle veille et des moments où elle dort, mais aussi des moments où elle pense, où elle est malheureuse, où elle se réjouit. On ne se préoccupe pas de ces différents états de la terre ; c'est un tort, car nous vivons sans cesse en contact avec elle, les courants qui la traversent nous touchent directement.

L'amour est un échange entre deux courants d'énergies, deux pôles opposés mais complémentaires. Ce n'est pas le corps physique qui inspire l'amour, il n'intervient souvent qu'en fin du processus comme un aboutissement, il ne fait que suivre. Ce qui inspire l'amour est invisible.

On donne en général au corps plus d'importance qu'il n'en possède réellement. Placés côte à côte, les cadavres de deux êtres qui se sont aimés s'embrassent-ils ? Non, mais leurs âmes, qui sont vivantes, continuent à se rencontrer. C'est la vie dans les créatures qui provoque attraction ou répulsion. Donc, avant que les corps ne soient attirés l'un vers l'autre, il y a eu des courants fluidiques qui les ont amenés à se rapprocher ; les corps n'ont fait que suivre le mouvement, tout à la fin.

La pratique spirituelle est difficile, bien sûr, mais elle est rendue encore plus difficile par le fait que ceux qui décident de s'y adonner ne savent pas se mettre dans l'attitude intérieure convenable. Ils sont là, pressés, crispés à la pensée qu'ils ont une quantité d'autres choses à faire et ils n'arrivent pas à laisser toutes ces préoccupations de côté. Dans leur inconscient, dans leur subconscient, il y a quelque chose qui les bloque et les empêche d'avoir des résultats.

Évidemment, la vie actuelle, avec son rythme accéléré et les multiples obligations qu'elle impose, ne favorise pas les activités spirituelles qui demandent qu'on sache se libérer des soucis quotidiens et trouver un autre rythme plus harmonieux. Mais celui qui pour une demi-heure, une heure, s'habitue à remplir certaines conditions de paix intérieure, parviendra non seulement à se lier au monde de la lumière, mais il assumera ensuite toutes ses obligations professionnelles et familiales avec plus de facilité. Chaque chose doit être faite à sa place et en son temps.

Chaque être qui s'éveille à la vie spirituelle reçoit la visite des esprits lumineux du monde invisible. Ces esprits sont comme des jardiniers qui viennent dans leur verger pour cueillir des fruits et s'en délecter. Ils disent : « Oh ! cette pastèque, ce melon, cette pêche… quels fruits magnifiques ! » Et ils s'occupent de cet être en se réjouissant de tout ce qui émane de lui de lumineux, de musical, de parfumé. Vous tous pouvez être visités par des jardiniers du Ciel. Quelqu'un dira : « Mais moi je n'ai rien à donner, je ne suis pas un verger, comment peut-on venir chercher quelque chose chez moi ? » En réalité il y a toujours un élément utile à retirer… même des plantes vénéneuses, ne serait-ce que pour en faire des médicaments !

Les humains ne s'en doutent pas, mais ils sont sans cesse visités par des créatures de l'autre monde, parce qu'ils sont comme des laboratoires remplis d'éléments chimiques. Il vaut mieux pour eux n'être pas remplis de poisons, mais même leurs poisons sont prélevés et utilisés.

Savoir vivre en collectivité, c'est dans ce sens que va la véritable évolution des humains. Oui, on n'évolue pas en restant seul dans son coin pour lire, s'instruire et se développer. Dans cet isolement on donne seulement libre cours à ses tendances égoïstes. Il faut aimer la collectivité, cette sensation d'être plongé comme dans un océan où toutes les âmes vibrent ensemble. Bien sûr, certains recherchent la collectivité pour assouvir leur besoin de s'imposer aux autres, de les asservir, de les exploiter. Rechercher la collectivité ne signifie pas nécessairement que l'on sache y vivre, souvent même c'est le contraire !

Vivre en collectivité suppose donc tout un travail, et ce travail est nécessaire. Tôt ou tard chacun doit s'efforcer de vaincre ses tendances trop personnelles : l'égoïsme, l'ambition, la cupidité, l'autoritarisme qui le font continuellement entrer en conflit avec les autres, pour pouvoir dire enfin : « Je suis un être collectif ».

D.S.

Jésus disait : *« Quand vous verrez l'abomination de la désolation annoncée par le prophète Daniel, que celui qui est sur le toit ne descende pas pour prendre ce qui est dans sa maison. »* Ne pas descendre du toit… Dans le langage éternel des symboles, le toit, c'est l'esprit où l'on est toujours en sécurité, dans la paix. Le conseil de Jésus concerne donc la vie psychique. Lorsqu'éclatent des troubles dans le monde ou en soi-même, il ne faut jamais chercher le secours en bas, mais s'efforcer de monter le plus haut possible et se maintenir là, au sommet, c'est-à-dire réfléchir, raisonner, se lier au Ciel, afin de trouver la paix et la lumière. C'est alors seulement qu'on y voit clair et qu'on trouve les moyens d'agir, de se sauver, et de sauver les autres aussi.

Combien de fois il est arrivé qu'au lieu de fuir un incendie, les gens se jettent dans le feu ! Pourquoi ? Parce qu'ils sont « descendus » du toit, ils ont perdu la tête, ils se sont laissé gagner par le trouble et les émotions.

Les alchimistes ont pour devise : « Ora et labora », c'est-à-dire : prie et travaille. Oui, prier d'abord, et travailler ensuite. Pourquoi ? Pour donner la meilleure orientation à leur travail, car si le travail grandit et ennoblit l'être humain, tous les travaux et les buts que l'on se fixe en travaillant ne sont pas d'égale valeur. Il faut savoir pour qui, pour quoi on travaille. Et seule la prière, parce qu'elle nous met en relation avec le monde divin, nous apporte la lumière, nous oriente dans nos activités.

Grâce à la prière nous recevons la lumière sur ce que nous avons à faire, afin d'employer nos énergies pour le bien de tous. Certains prétendent que travailler, c'est prier. Oui, d'une certaine façon, c'est vrai ; mais il vaut quand même mieux prier avant de travailler.

La véritable nudité est la marque exclusive de la vérité. Oui, seule la vérité est nue. Donc, pour s'élever jusqu'à ce dépouillement de la vérité, chacun doit travailler à se libérer de tout ce qui en lui est opaque, imperméable au monde divin. Lorsqu'il atteint cette nudité, il peut aller très haut afin de recevoir des messages, des conseils, la sagesse, l'amour, l'aide de Dieu.

Devant le Ciel il faut se présenter tout nu, c'est-à-dire dépouillé de sa cupidité, de ses calculs, de ses idées fausses. Plus on se dépouille, plus on s'élève. Ensuite, quand on redescend – car on est toujours obligé de redescendre : tant qu'on est sur la terre il faut accomplir aussi les tâches de la terre – on se rhabille, c'est-à-dire on reprend ses activités, ses projets, les relations avec sa famille, ses amis, ses voisins, etc. Pour le monde il est nécessaire de s'habiller, mais pas pour le Ciel : le Ciel n'aime que les êtres « nus ».

Il ne faut jamais s'arrêter de travailler et de faire des efforts, il faut exercer sans cesse sa volonté. Oui, la volonté, si souvent c'est cela qui manque ! Les humains comprennent où est le bien, ils souhaitent le bien, ils désirent le bien, ils aspirent au bien… Mais ça s'arrête là, ils ne vont pas plus loin, ils ne mettent pas vraiment leur volonté en œuvre pour réaliser ce bien qu'ils approuvent et qu'ils désirent, et ils continuent à vivre comme ils l'ont toujours fait, instinctivement, mécaniquement, négligemment. L'existence quotidienne exige bien sûr un minimum de volonté : se lever du lit le matin, aller au travail, prendre soin de sa famille, etc., mais cela, tout le monde le fait, il n'y a pas grand mérite.

La volonté dont je vous parle est une décision du cœur et de l'intellect, eux-mêmes inspirés par l'âme et par l'esprit. Vous voulez développer votre volonté ? Commencez par vous étudier afin de bien vous connaître, puis décidez-vous à prendre la meilleure orientation intérieure qui vous obligera à développer vos qualités et à corriger vos défauts.

Le ciel étoilé est une des plus grandes merveilles de la nature. Mais il y a différentes manières de regarder les étoiles. Vous pouvez prendre une carte du ciel et un livre d'astronomie qui expose en détail tout ce que l'on sait sur les astres et les planètes. C'est certainement très utile pour votre compréhension de l'univers. Mais qu'est-ce que tout cela apportera à votre âme et à votre esprit ?

Et surtout quelle différence avec les expériences que vous pouvez faire en contemplant le ciel étoilé sans autre préoccupation que de vous fondre dans cette immensité ! La paix dont vous êtes peu à peu envahi vous soulève, vous n'avez plus que le désir de vous arracher à la terre, de vous transporter très loin dans l'espace afin d'entrer en relation avec les entités spirituelles dont les astres sont les manifestations physiques. Dans ces régions où vous vous trouvez projeté, vous sentez que rien n'est plus important que de vous unir à l'Esprit cosmique, de vous laisser pénétrer par lui, afin de parvenir à la véritable compréhension des choses, une compréhension qui imprègne toutes vos cellules.

Le monde invisible est aussi peuplé que le monde visible. Et dans les lieux où vivent les humains, des milliards d'entités lumineuses ou ténébreuses vont, viennent, circulent, sans qu'ils s'en aperçoivent. S'ils ne consacrent pas leur maison, s'ils ne s'entourent pas d'une barrière de lumière, les entités ténébreuses, trouvant les portes ouvertes, entrent et font des dégâts.

Dans la nature, toutes les créatures se méfient : oiseaux, animaux, insectes élèvent autour d'eux des obstacles pour empêcher qu'on les trouve et les capture. Et l'être humain qui a aussi appris à se protéger dans le plan physique ne se doute pas qu'il est aussi menacé, et bien plus dangereusement, dans le plan psychique : une multitude d'esprits maléfiques s'acharnent jour et nuit à perdre l'humanité. Heureusement, l'humanité a aussi des protecteurs, des entités lumineuses et pleines d'amour ; c'est grâce à elles qu'elle n'est pas encore détruite, mais il faut que par notre travail conscient nous les aidions à nous protéger.

Chaque jour les tribunaux infligent des amendes, des peines de prison pour des vols, des dégâts matériels. Et pendant ce temps, les plus grands criminels se promènent en liberté. Mais oui ! Si vous cassez des vitres chez votre voisin, si vous empiétez sur son terrain, si vous commettez un vol dans un magasin, tout de suite la justice se met en marche pour vous punir. Mais si par vos écrits, vos paroles ou votre exemple, vous faites perdre à quelqu'un la foi, l'espérance, l'amour, si vous l'entraînez dans la débauche ou la violence, là la justice vous laisse tranquille ; et même, si vous êtes philosophe, écrivain ou cinéaste, souvent la foule applaudit votre talent et vous décerne un prix. Ce qui existe de plus précieux dans l'homme, on n'est pas tellement choqué de le voir salir.

Voilà donc comment les humains comprennent la justice : on punit les gens qui osent toucher aux possessions matérielles de leur prochain, mais ceux qui détruisent sa santé psychique, ce n'est pas grave. L'âme ne compte pas, l'esprit ne compte pas, c'est le corps physique qui compte, c'est le porte-monnaie !

Même si un malheureux peut ressentir quelque soulagement à la pensée qu'il n'est pas seul à souffrir, dire à quelqu'un qui pleure qu'on le comprend, qu'on partage son chagrin, ne suffit pas pour l'aider véritablement. Et au lieu de prendre comme lui une mine allongée, il faut au contraire nourrir intérieurement une si grande foi et tant de joie qu'elles neutralisent son mal.

Vous avez des amis et vous voulez les aider… Ne soyez pas réceptifs à leurs états négatifs, mais retirez-vous quelque part pour recueillir la joie, puis revenez la déverser sur eux. Vous dites qu'il est impossible de ne pas partager la souffrance de ses amis et de le leur montrer. Non, si vous aimez vos amis, remerciez le ciel et la terre, et élancez-vous jusqu'au trône de Dieu. Alors, tous les êtres lumineux du monde invisible s'écarteront sur votre passage en disant : « Laissons monter cet être parce qu'il porte dans son cœur un amour irrésistible et nous devons l'aider à réaliser cet amour. »

Les humains ont pour mission de transformer la matière par le pouvoir de l'esprit. Mais combien d'hommes et de femmes restent encore engourdis, figés, semblables à des pierres ! Et la caractéristique des pierres est leur incapacité à se mouvoir, il faut sans cesse les pousser pour les faire changer de place ; et un jour, on les casse à grands coups de marteau pour en faire des routes, des ponts, des maisons, etc.

Chacun, dans sa vie intérieure, doit chercher au moins à sortir du règne minéral pour devenir une plante et croître ; et plus tard, apprendre à se mouvoir. Regardez tous les avantages qu'il y a à pouvoir être autonome. Les animaux peuvent chercher leur nourriture, échapper aux dangers, se mettre à l'abri des intempéries. Le jour où les humains auront intérieurement développé ces possibilités, ils auront fait de grands progrès. Mais il leur restera encore à accéder réellement au règne humain, c'est-à-dire au monde de la pensée, de la raison, afin de se rendre maîtres de leur destinée.

Beaucoup de gens travaillent pour des idées, mais que valent ces idées ? Le spiritualiste, lui, travaille pour une idée divine, et c'est cette idée qui le soutient, qui le récompense. Puisque cette idée est en relation avec le Ciel, elle représente tout un monde, et c'est elle qui se charge de lui apporter l'espérance, l'enthousiasme, la joie.

Même si vos différentes activités vous rapportent beaucoup d'argent ou de considération parmi les humains, tant que vous ne travaillez pas pour une idée divine, vous ne serez pas heureux, parce que vous n'êtes pas lié au Ciel. Mais travaillez pour une idée divine, et vous n'aurez même pas besoin qu'on reconnaisse ce que vous faites ni qu'on vous dise merci, vous vous sentirez toujours dans la plénitude. Alors, mettez une idée divine dans votre tête, travaillez pour une idée divine, et vous verrez ce que cette idée fera pour vous, elle vous prolongera même la vie… Oui, rien n'est plus stimulant, plus exaltant qu'une idée divine, croyez-moi, je vous parle là de ce que je n'ai cessé de vérifier.

Si l'or possède une valeur très réelle, c'est parce qu'il vient du soleil, il est la condensation de la lumière solaire. Le soleil produit l'or éthérique et la terre le fixe : depuis des milliards d'années, ses rayons traversent l'espace et pénètrent jusque dans les profondeurs de la terre où des entités travaillent à leur matérialisation. Et c'est là, maintenant, que nous pouvons cueillir l'or, comme on cueille, l'été, les fruits d'un arbre quand ils sont mûrs.

Les humains se battent pour l'or, ils se tuent pour l'or, mais ce n'est pas ce que veut le soleil. Le soleil veut réaliser quelque chose de bon, de glorieux en eux par l'intermédiaire de l'or. Depuis qu'ils le voient briller au-dessus de leur tête, ils auraient dû comprendre ces projets du soleil ; et ces forces bénéfiques dont l'or est rempli, ils auraient dû apprendre à les utiliser non seulement pour leur santé physique, mais aussi pour l'épanouissement de leurs corps spirituels. Car il est possible de remonter le cours du processus de condensation de l'or pour retrouver en lui la lumière, la chaleur et la puissance du soleil.

L'intellect se situe en nous entre l'esprit et la matière. Donc, quand nous voyons que la matière arrive à entraver, à bloquer les impulsions divines de l'esprit, notre intellect peut intervenir pour redonner à l'esprit sa force et lui ouvrir des portes. Du dedans, l'esprit pousse toujours, mais nous n'en sommes pas toujours conscients. Pourquoi ? Parce que nous ne faisons pas appel à l'intellect. C'est lui qui peut se prononcer et dire si nous sommes en train de faciliter le travail de l'esprit en nous ou si nous nous opposons à lui en donnant plus de possibilités à la matière. Un intellect éclairé est un instrument extrêmement utile ; il discerne, il juge impeccablement.

Contrairement à ce que certains imaginent, les grands Maîtres spirituels ne rejettent pas l'intellect, car ils connaissent cette possibilité qu'a l'être humain de se déterminer par l'intellect, afin de décider dans quel sens il est bon d'agir. Ils insistent même pour qu'il prenne conscience de ce rôle que l'intellect doit jouer en soutenant le travail de l'esprit sur la matière.

Il est dit dans les Écritures que *« la crainte du Seigneur est le commencement de la sagesse. »* Pour bien comprendre cette idée, il faut commencer par faire une distinction entre la crainte et la peur. La peur est un instinct, elle vient des profondeurs physiologiques de l'être et elle peut n'avoir aucun fondement objectif. La crainte, elle, présente une nuance mentale : quand on craint quelque chose ou quelqu'un, on sait pourquoi.

Il n'est pas dit que c'est la peur, mais la crainte du Seigneur qui est le commencement de la sagesse… Nous ne devons pas avoir peur du Seigneur, Il ne nous veut aucun mal, bien au contraire. Mais nous devons craindre de ne pas respecter ses lois. Cette crainte vient donc de la compréhension que l'univers créé par Dieu obéit à des lois souveraines et que la transgression de ces lois ne peut que nous nuire, car nous nous mettons ainsi en contradiction avec l'ordre cosmique.

Dire de quelqu'un qu'il est un spécialiste, c'est lui reconnaître de grandes compétences, et on ne peut nier que la spécialisation soit à l'origine de progrès fantastiques. Pour approfondir ses connaissances dans le domaine qui est le sien, le spécialiste doit limiter son champ d'investigation et c'est très bien. Mais ensuite, il est important qu'il sache voir les relations qui existent entre son sujet d'étude limité et la totalité de la création.

Or, que font les « spécialistes » ? Ils détachent une petite écorce de l'Arbre cosmique, l'Arbre de la vie, et quand ils l'ont bien pesée, bien épluchée, ils écrivent des livres dessus, rassemblent quelques centaines de personnes, leurs collègues, leurs étudiants, et font une conférence pour leur présenter leurs conclusions. Et c'est cela qu'ils appellent « science ». Mais une fois que ce morceau est coupé, d'une certaine façon il est mort ! Puisqu'il est retranché de la vie universelle, il est mort. Il n'est peut-être pas mort physiquement, mais il est mort du point de vue de la vie cosmique. Comment parler alors de la science de la vie ?

17 Août

Vous vous dites parfois : « Ah ! j'aurais dû être plus patient !… » Mais c'est trop tard, et en réalité, au moment où vous explosez de colère ou d'indignation, vous vous trouvez toujours une excuse. Commencez donc par ne jamais chercher à vous justifier d'avoir manqué de patience. Ensuite, concentrez-vous sur cette vertu en pensant à tout ce que certains êtres ont eu à supporter au cours de leur vie. Étudiez comment ils ont réagi et prenez exemple sur eux.

La patience est une des bonnes qualités de Saturne. Saturne, c'est le vieillard qui a beaucoup vécu, beaucoup médité, beaucoup compris. Évidemment, on ne peut pas tellement demander la patience aux enfants, c'est une qualité qui vient avec l'âge, et même avec le grand âge. Un vieillard impatient révèle qu'il n'a pas appris grand-chose de la vie. La sagesse des êtres se mesure à leur capacité de supporter.

Celui qui accuse injustement les autres de malhonnêteté, d'infidélité, doit savoir qu'il les pousse à commettre ce dont il les accuse. Un homme, par exemple, accuse sa femme de le tromper. Ce n'est pas vrai et elle proteste, se justifie… Mais rien à faire, le mari est d'une jalousie maladive, et sans arrêt il lui fait des scènes : « Où étais-tu ? Qui as-tu rencontré ? Pourquoi tu as regardé un tel ? Pourquoi tu as dit ça ?… » Il voit partout des indices de son infidélité. Et alors, que se passe-t-il au bout de quelque temps ? Cette femme qui n'a jamais voulu trahir son mari, finit par le faire, et ensuite elle est la première étonnée, elle ne comprend pas comment elle a été entraînée à commettre un adultère. Mais c'est tout simplement son mari qui l'y a poussée ! Par ses suggestions continuelles, il a créé des conditions favorables dans le plan astral, et la pauvre a succombé. Il a tout fait pour que la réalité finisse par correspondre aux paroles. C'est ainsi que les humains sont souvent les créateurs inconscients du mal qui leur arrive.

Sur les routes on voit sans cesse se croiser des voitures qui roulent en sens opposé. Et cette opposition est normale à condition que les voitures ne se heurtent pas. Dans notre corps aussi les circulations veineuse et artérielle suivent deux directions opposées, mais il ne faut pas qu'elles se mélangent, sinon c'est la maladie bleue. Le mal ne réside donc pas dans le fait qu'il existe des directions ou des forces opposées, car elles font ensemble un travail. Mais si ces forces se heurtent, se mélangent, elles finissent par s'anéantir mutuellement, et là est le mal.

Voyez encore le feu et l'eau. Que de choses extraordinaires on peut produire en plaçant l'eau sur le feu !… mais avec une paroi qui les sépare, sinon le feu fera évaporer l'eau et l'eau éteindra le feu. Et c'est ce qui arrive dans tous les domaines de la vie lorsqu'on ne sait pas comment agir avec les pôles opposés, avec les contraires, pour les faire participer ensemble à un même travail.

Efforcez-vous d'avoir dans votre vie une idée essentielle, un idéal divin auquel vous restez constamment lié, car vous pourrez ainsi vous livrer à vos différentes activités sans courir le risque de vous éparpiller. Toute activité n'est qu'une des multiples formes ou manifestations de l'esprit. Au centre, il y a l'esprit, et tout doit trouver sa place par rapport à ce centre pour que la vie de l'homme soit une unité. C'est ainsi que chacune de ses activités contribue à son perfectionnement, à son épanouissement.

La véritable spiritualité, c'est d'arriver, quoi qu'on fasse, à garder le regard fixé sur l'esprit. De même que le cerveau commande à toutes nos fonctions physiques, l'esprit doit commander à toutes nos activités. L'esprit a le droit de se disperser pour animer la création, mais l'homme doit marcher vers l'unité ; sinon, pour lui, la dispersion c'est la mort.

Les humains sont toujours prêts à faire des expériences qui vont les alourdir, les assombrir… Si encore ils savaient ne pas aller trop loin et tirer quelques conclusions utiles du peu qu'ils auraient vécu ! Mais non, ils font l'expérience à fond et pas seulement une fois, mais dix fois, cent fois ! Il ne leur vient pas à l'idée qu'il ne leur restera plus aucune énergie pour le jour où ils voudront peut-être tenter des expériences spirituelles. Pourquoi pas ? Il peut arriver le jour où, dégoûtés enfin de s'être plongés dans des marécages, ils se décideront à connaître la pureté, la lumière. Mais ce sera impossible, ils n'en auront plus ni les moyens, ni la force.

S'imaginer que tout est possible, qu'on peut monter au Ciel après être descendu pendant des années dans l'enfer, c'est ne rien connaître à la psychologie, à la vie. On a déjà fait faillite, on est sale, alourdi, avachi et on croit qu'on va parcourir les cieux ? Mais quelle naïveté, quelle ignorance !

Ce que nous appelons épreuves n'est qu'une suite de problèmes que nous avons à résoudre tout au long de notre existence, exactement comme en ont à résoudre les enfants à l'école, les étudiants à l'université ; et au fur et à mesure de leurs progrès, on leur présente des exercices plus difficiles. Bien sûr, il arrive toujours le moment où ils quittent l'école ou l'université, mais personne ne quitte jamais l'école de la vie.

Les exercices et les efforts que les humains ont à faire au cours de leur existence sont donc sans fin ; et au lieu de se plaindre et de se révolter d'avoir encore un fardeau à porter, un obstacle à franchir, ils doivent d'abord comprendre la cause de ces épreuves et leur sens, et puis se réjouir aussi d'avoir de nouvelles expériences à tenter, de nouvelles vérités à découvrir, car ces expériences et ces vérités sont les seules véritables richesses.

Qu'est-ce que la paix ? Pour la plupart des gens ce mot évoque la possibilité de vivre tranquillement à l'abri de toute agression. Mais en réalité, la paix est bien autre chose ; c'est le travail le plus intense qui puisse être réalisé dans le monde par des êtres qui ont appris qu'elle est d'abord un état intérieur. Cet état est le résultat d'une victoire remportée de haute lutte sur tous les tiraillements psychiques qui nous disloquent.

Pour parvenir à installer la paix en nous, nous devons rétablir chaque jour le lien entre notre conscience et les centres spirituels qui sont dans notre cerveau et notre plexus solaire. Quand nous y sommes arrivés, ni les tourments, ni les angoisses n'ont vraiment de prise sur nous. Mais nous devons nous accrocher solidement à un point fixe en nous, sinon rien ni personne ne peut, de l'extérieur, nous apporter la paix.

Vous trouvez normal que les autres manifestent la sagesse, la bonté, l'honnêteté, et vous vous indignez s'ils ne le font pas… Mais vous, comment vous conduisez-vous ? Vous ne vous le demandez jamais. Et c'est pourquoi il y a tant de désordres dans le monde. Tous raisonnent de la même façon : tous attendent que les autres soient irréprochables, tandis qu'eux-mêmes peuvent très bien se conduire comme ça les arrange.

Partout à la radio, à la télévision, dans les journaux, vous n'entendrez, ne verrez et ne lirez que des gens qui critiquent les autres, les accusent, ils en font même leur métier, tout en ne cessant de justifier leurs propres erreurs. Et dans la vie courante également : on a toujours quelque chose à reprocher aux autres, tandis qu'on se trouve soi-même impeccable. Mais voilà que dans une École initiatique, on enseigne, au contraire, que le véritable travail est de s'occuper de soi-même, de ses défauts, de ses lacunes, de ses erreurs… et de laisser les autres tranquilles !

Le jour où ils retrouveront leur véritable origine solaire, les humains prendront conscience que c'est toujours cette même force solaire qui se manifeste à travers leur corps : les mains, les yeux, le cerveau, etc. Même l'énergie sexuelle est de même nature que l'énergie solaire.

L'Intelligence cosmique a conçu l'être humain de façon divinement belle. Oui, l'homme parfait, l'homme idéal, l'homme tel que l'Intelligence cosmique l'a conçu dans ses ateliers en haut, est semblable au soleil. C'est pourquoi ceux qui abusent de la force sexuelle au lieu de comprendre qu'elle est imprégnée de la sainteté de la lumière du soleil et qu'ils peuvent s'en servir pour des créations magnifiques, se privent des trésors les plus précieux. Même si cette idée vous paraît encore incroyable, acceptez-la. Elle vous encouragera à devenir plus conscient, plus maître de vous. C'est dommage d'entendre des révélations pareilles si elles ne produisent pas sur vous des résultats bénéfiques. Méditez-les en souhaitant devenir semblable à l'homme primordial, quand il sortit des ateliers du Seigneur, rayonnant comme le soleil.

26 Août

Les plaisirs purement physiques émoussent peu à peu la sensibilité : il faut toujours plus de plaisirs et des sensations toujours plus fortes pour éprouver quelque chose et obtenir quelques satisfactions. Il devient donc de plus en plus difficile d'être satisfait parce qu'on devient de plus en plus insensible ; on peut vérifier cela dans tous les domaines. Celui qui fait des excès de nourriture et de boisson finit par perdre le goût ; celui qui accumule les expériences sexuelles devient blasé et méprise ses partenaires.

Efforcez-vous donc de diminuer un peu les plaisirs physiques, recherchez des expériences plus subtiles, vous deviendrez de plus en plus sensible, et la moindre sensation vous procurera les plus grandes joies.

Parce qu'ils ne savent pas comment se protéger, les humains laissent s'installer en eux toutes sortes de désordres physiques et psychiques. Quant aux médecins qui les soignent, et qui n'en savent pas plus qu'eux dans ce domaine-là, ils se contentent de leur donner des médicaments. Jamais ils ne leur disent : « Fermez votre porte aux entités ténébreuses, vivez une vie plus pure pour n'attirer que des entités célestes. »

Vous direz : « Des entités ? Mais qu'est-ce que cela a à voir avec la maladie ? » Vous avez lu les Évangiles ? Quand Jésus venait de guérir un malade, il lui disait : *« Va, et ne pèche plus. »* Parce que les fautes, les transgressions attirent les esprits mauvais : ce sont des appâts, des nourritures pour eux. Une fois que ces esprits se sont introduits en l'homme, ils y font des dégâts qui produisent toutes sortes de dérèglements physiques et psychiques. Voilà la réalité sur laquelle les médecins devraient se pencher.

Ni la vie ni la mort véritables ne sont celles du corps physique. C'est pourquoi les Initiés nous disent que seul l'amour nous apporte la vie et triomphe de la mort. Si vous voulez être vivant, aimez !

Mais quand les humains comprendront-ils ce qu'est réellement l'amour ? Ils l'attendent, ils en parlent, ils disent que c'est la chose la plus précieuse, qu'ils le mettent au-dessus de tout, mais les résultats de cet amour ne sont pas fameux : au lieu d'apporter la vie, il apporte la mort parce qu'ils le conçoivent d'une manière trop limitée.

On parle d'un remède « radical » pour signifier qu'il s'attache aux causes profondes de la maladie. Eh bien, on peut dire aussi que l'amour est une puissance radicale, parce qu'elle touche la nature profonde de l'être pour tout transformer en lui. C'est l'amour qui vous ouvre toutes les portes, qui vous révèle le sens et la beauté de l'univers, mais surtout c'est lui qui vous donne la certitude d'être immortel.

La vigilance est une qualité sur laquelle on ne met jamais suffisamment l'accent. Oui, être vigilant, garder la pensée éveillée, afin de discerner les dangers et de les éviter. Celui qui n'est pas vigilant, qui ne regarde pas, ou qui regarde sans voir, c'est tellement clair que n'importe qui ou n'importe quoi peut venir le prendre par surprise !

Il faut garder les yeux ouverts pour pouvoir sans cesse se rendre compte de ce qui se passe. Mais comprenez-moi bien. Ce n'est pas tellement de vos yeux physiques que je vous parle là ni de ce qui se passe à l'extérieur de vous ; ce n'est pas à l'extérieur que vous êtes le plus exposé. C'est en vous que vous devez observer pour sentir les courants, les états de conscience, les sentiments, les pensées qui vous traversent. Vous ne pourrez acquérir l'intelligence de votre vie intérieure et travailler à votre libération que si vous gardez les yeux ouverts.

Gods mill grinds finely but slowly !

Vous avez contracté des liens avec quelqu'un, et puis un jour vous décidez que vous avez de bonnes raisons de le quitter. Ces liens peuvent être de différentes sortes, et pas uniquement ceux du mariage. Évidemment, vous pouvez toujours quitter quelqu'un, mais après lui avoir donné ce que vous lui devez, étant donné les engagements que vous aviez pris. Sinon vous serez contraint par les lois cosmiques de le retrouver à nouveau dans cette incarnation ou dans la suivante pour finir de vous acquitter de votre dette. Si vous voulez vraiment ne plus jamais revoir quelqu'un, réglez-lui toutes vos dettes.

Mais c'est là une loi que la plupart des gens ne veulent pas reconnaître. Dès que quelqu'un ne leur convient plus, ils coupent le lien avec lui pour se sentir libres. Eh non, combien de fois déjà le karma a obligé les humains à retrouver leurs parents, leurs femmes, leurs maris, leurs amis, leurs supérieurs ou leurs subordonnés dans une autre incarnation pour réparer leurs torts envers eux !

Dans votre pratique spirituelle, prenez l'habitude de vous concentrer sur l'image du sommet, Dieu Lui-même. Vous direz qu'on a appris aux chrétiens à s'adresser à des saints, et il y en a un ou plusieurs pour chaque jour de l'année qui répondent à tous les besoins des humains… Évidemment, il est bon de se lier à eux, mais il est mieux, beaucoup mieux de se concentrer sur le point le plus élevé : le sommet. Car depuis ce sommet vous arrivez à déclencher les véritables puissances : des ordres sont alors donnés à votre sujet, et ceux qui les exécutent peuvent être des Initiés, des saints, des prophètes, des personnes de votre entourage, ou même des animaux, des oiseaux…

En effet, l'exécution peut aussi se faire à travers les animaux ou même les esprits de la nature, les quatre éléments. Mais d'abord vous devez vous élever le plus haut possible pour vous adresser au Seigneur Lui-même, et le Seigneur donnera des ordres qui passeront à travers toute une hiérarchie d'êtres jusqu'à vous.

De temps à autre vous êtes guetté par la tentation de vous dire : « Maintenant ça suffit, j'en ai assez d'aller au lever du soleil, de faire des exercices de gymnastique et de respiration, de méditer, de prier, de surveiller mes pensées, mes sentiments, mes paroles… tous ces efforts, c'est exténuant, je veux me reposer. »

Bien sûr, c'est normal d'avoir ce genre de réaction. Mais quand vous viennent de telles pensées, ne leur ouvrez pas votre âme. Si vous vous sentez trop tendu, ne vous imposez pas tous les jours les mêmes contraintes, mais vous ne devez jamais accepter l'idée de ne pas faire d'efforts, ce sont les efforts qui vous maintiennent éveillés, vivants. Si vous vous laissez aller pendant un moment, peut-être, vous croirez-vous plus libre, plus dégagé, mais cela ne durera pas ; très vite vous allez vous sentir intérieurement alourdi, entravé. Alors, attention !

En apparence, la sagesse et l'amour s'opposent, mais en réalité ils travaillent ensemble. La sagesse s'occupe des petites choses et l'amour s'occupe des plus grandes. La sagesse ne touche que d'infimes particules en nous. On n'a jamais vu la sagesse produire de grands bouleversements chez un être. Alors que l'amour peut transformer immédiatement tout le comportement et même souvent aussi l'apparence physique.

Retenez donc que les plus grandes transformations dans le monde ne peuvent se faire que par l'amour, et non par la sagesse. La sagesse est utile, indispensable même, mais seulement pour orienter : l'amour seul réalise.

3 Septembre

À travers combien de paraboles Jésus a voulu expliquer ce qu'est le Royaume de Dieu ! Dans une de ces paraboles, il compare le Royaume de Dieu à un marchand qui cherche des perles : *« Il a trouvé une perle de grand prix ; et il est allé vendre tout ce qu'il avait et il l'a achetée. »* Donc, ce marchand a vendu maisons, meubles, bijoux, terrains, bétail, pour avoir cette perle. Une perle coûte-t-elle donc si cher ?... Oui, parce qu'elle représente l'enseignement du Christ, l'enseignement de la sagesse, de la lumière.

Cet enseignement vaut la peine que l'on vende tout ce que l'on possède pour l'avoir, mais à condition que nous comprenions que « vendre » signifie être capable de sacrifier tout le superflu qui nous alourdit, nous encombre. Car pour pouvoir se rapprocher des vérités divines, il faut se dégager, se dépouiller.

Combien de gens se font une idée matérialiste du bonheur ! Et même les astrologues se sont laissé embarquer par cette mentalité. Quand ils doivent se prononcer sur une destinée, ils disent par exemple : « Oh, c'est formidable, vous avez Jupiter en maison II, le Soleil en maison X, Vénus en maison VII, vous serez riche, influent, heureux en amour, vous aurez tout. » Tandis que si votre thème astral présente des carrés et des oppositions, des planètes en chute ou en exil, ils n'en concluront rien de bon pour votre avenir. Mais présentez votre horoscope à un Initié : il cherchera à voir si vous avez un haut idéal, si vous êtes capable de mettre toutes vos énergies au service du bien. Si oui, il vous prédira une destinée magnifique sans s'occuper des carrés, des oppositions ou des planètes en chute, car il sait que vous saurez utiliser vos épreuves, vos insuccès pour votre avancement spirituel.

Cette lumière-là, ce regard différent ne sont pas tellement donnés aux astrologues contemporains. Ils restent esclaves de la mentalité ordinaire, ils jugent les choses comme tous les matérialistes, ils n'ont pas compris que le bonheur de l'homme dépend de sa capacité à mettre tout ce qui lui a été donné par la destinée au service de son avancement spirituel.

Les nouvelles du monde entier, les événements les plus lointains du cosmos, même les bouleversements des mondes disparus, ne cessent d'arriver jusqu'à nous, et nous possédons des appareils qui les enregistrent. Évidemment, ces informations restent dans notre subconscient, il est rare qu'elles parviennent jusqu'à la conscience. On peut dire que cela se passe comme pour les ondes radio.

L'existence de postes de radio et de télévision prouve qu'une masse d'informations circule à travers l'espace ; ces ondes échappent à notre conscience, mais des appareils appropriés permettent de les capter. En ce moment même, des ondes en nombre incalculable parcourent l'espace, venant de toutes les parties de la terre, mais aussi des autres planètes et des constellations. Ces ondes se croisent, s'enchevêtrent sans se détruire mutuellement, et chacune d'entre elles peut être captée par un appareil réglé à sa fréquence. Nous-mêmes sommes traversés par ces ondes, mais nous ne les sentons pas. Et heureusement ! Car si notre cerveau se mettait à enregistrer, ne fût-ce qu'un instant, tout ce qui se passe dans l'univers, ce serait insupportable. Il faut le savoir, nous sommes sans cesse traversés par des ondes, et c'est ce qui explique que nous nous trouvons parfois dans certains états dont nous ne comprenons pas la raison. C'est pourquoi nous devons rester très vigilants.

En même temps qu'ils sont poussés à imiter les autres, la plupart des gens ont aussi besoin d'affirmer leur différence. Et souvent, le résultat, c'est qu'ils imitent là où ils devraient trouver leur propre voie et qu'ils s'opposent là où ils devraient chercher l'harmonie. Eh bien, c'est par cette attitude d'opposition, justement, qu'ils ressemblent le plus à la foule !

Si vous voulez être vraiment différent, imitez plutôt une petite minorité de sages qui ne travaillent qu'à introduire la paix et l'harmonie en eux et autour d'eux. En cultivant cette différence-là, vous arriverez à comprendre les souffrances, les maladies, les angoisses des humains. Tandis que tous ces gens qui se ressemblent, en réalité ils ne se comprennent pas : ils souffrent des mêmes maux, mais comme ils ne sont occupés que de leurs problèmes personnels, ils sont incapables de se mettre à la place des autres. Car ils les ont imités justement là où il ne fallait pas : dans leurs caprices, leur égoïsme, leurs passions.

Avant de considérer une difficulté, une épreuve comme un malheur, demandez-vous : « Est-ce vraiment un malheur ? N'est-ce pas plutôt un bonheur caché ? » Tant que vous ne vous poserez pas cette question, vous allez vous débattre, vous révolter, et vous ne retirerez aucun bénéfice de cette épreuve qui était, en réalité, un bien que vous n'avez pas su discerner.

Rarement les humains savent voir ce qui est bon ou mauvais pour eux. Combien de situations qu'ils considèrent comme bénéfiques sont en réalité de véritables dangers ! Oui, combien de succès et de réussites n'ont eu pour conséquences que d'entraîner des gens à la catastrophe ! Et, au contraire, des obstacles, des échecs sont devenus, pour ceux qui savaient les utiliser, les véritables causes de leur triomphe futur. Réfléchissez et tâchez d'accepter cette façon de raisonner et de voir les choses.

Dieu aime toutes les créatures, et le symbole de cet amour est le soleil dont toutes sans exception reçoivent les bienfaits : la vie, la chaleur, la lumière. Mais le loup utilise les bienfaits du soleil pour aller attaquer les brebis, alors que la brebis prépare du bon lait. De même, pendant que le malfaiteur bénéficie du soleil pour aller nuire aux autres, le saint, lui, ne pense qu'à leur porter secours.

Comme la lumière, la chaleur et la vie du soleil, l'amour de Dieu ne produit pas des résultats identiques chez tous les êtres : le saint et le malfaiteur éprouvent cet amour de façons totalement différentes. Si le malfaiteur forme des projets criminels, cela signifie-t-il que Dieu, le soleil divin, inspire des actes criminels ? Non, c'est le malfaiteur qui fait un mauvais usage des dons divins.

L'objet que vous photographiez n'apparaît pas d'abord sur la pellicule. Pour qu'il apparaisse, il faut développer la pellicule en la plongeant dans un liquide appelé révélateur. De la même façon, tout ce qui se produit dans l'univers et même sur les étoiles les plus lointaines, s'enregistre sur nous comme sur une pellicule. Même si nous ne regardons pas, si nous n'écoutons pas, tout ce qui est autour de nous s'enregistre. Nous n'avons pas encore tellement les moyens de développer cette « pellicule », mais cela ne change rien à la réalité des choses. L'Intelligence cosmique a établi que chaque atome de l'univers serait en communication avec le Tout, et ce qui est vrai pour un atome l'est encore bien davantage pour l'être humain qui est fait de milliards et de milliards d'atomes.

Nous pouvons connaître tous les événements qui se produisent dans l'univers, mais c'est à nous de travailler à développer la pellicule, c'est-à-dire notre conscience, notre sensibilité. C'est ainsi que nous arriverons un jour à lire l'histoire cosmique.

« Nastradine Hodja, quand le monde finira-t-il ? » lui demandèrent un jour ses disciples. « Mais c'est très simple, voyons, répondit-il, il finira quand je mourrai. » Et d'une certaine façon, il avait raison : lorsqu'un homme meurt, le monde entier disparaît avec lui, et s'il est vivant, le monde aussi est vivant. Il y a là de quoi réfléchir !... Oui, il dépend de vous, de votre état de conscience, que le monde soit vivant ou mort, spirituel ou matériel, subtil ou grossier, beau ou laid.

Vous direz : « Mais il y a longtemps que nous savons cela ! » Eh bien, si vous le savez, pourquoi n'arrivez-vous pas à le réaliser ? Vous connaissez tout, et vous ne faites rien. Faites quelque chose, décidez-vous à changer vos lunettes intérieures, afin que le monde et les êtres deviennent pour vous véritablement vivants.

Toutes les richesses sont dans l'amour, mais vous ne les trouverez vraiment que lorsque vous aurez appris à aimer. Quand deux créatures découvrent leur amour, pourquoi doivent-elles tout gâcher si vite ? Pourquoi n'ont-elles pas compris que ce qui leur arrive là est la promesse du plus grand bonheur, du plus grand épanouissement ?... Mais à condition de savoir utiliser leurs regards, leurs paroles, et tous ces échanges subtils qui s'établissent entre eux, pour se perfectionner, se purifier, s'ennoblir. Évidemment, cela prend du temps. Or, du jour où ils se découvrent leur amour, les hommes et les femmes ne savent plus garder de distances ; et tout aussi vite ils se rejettent, ils ne se connaissent plus. Parce qu'ils sont allés trop vite !

Vous direz : « Garder des distances ? Mais pourquoi ? » Pour utiliser tous ces effluves qui émanent d'eux afin de s'élever, d'être inspirés et d'éblouir le monde entier. Oui, qu'on puisse dire en les voyant : « Mais qui sont ces deux êtres ? Il émane d'eux une lumière, quelque chose de divin... » Car voilà le but de l'amour : émaner de la lumière.

La vie quotidienne des humains est une suite de va-et-vient entre l'intérieur et l'extérieur : tantôt ils sortent pour travailler, faire des achats, aller à des rendez-vous… et tantôt ils rentrent à nouveau à la maison. Si on veut interpréter ces allers-retours, on peut dire que les gens sortent du centre (leur domicile) pour aller vers la périphérie (leurs affaires), et ensuite qu'ils quittent la périphérie pour retourner vers le centre. Quant aux mobiles de leurs sorties, ils sont de deux sortes : prendre, gagner, chaparder, ou bien donner, aider, se rendre utile.

Toutes les occupations, les activités, les démarches que l'homme entreprend quand il sort de chez lui ont l'une de ces deux catégories de mobiles. Il peut y avoir des milliers de nuances, mais elles se résument toujours par le mot « prendre » ou le mot « donner ».

Vous suivez un enseignement spirituel et vous trouvez cette philosophie magnifique. Oui, mais tant que vous ne vous déciderez pas à la mettre en pratique, vous ne la comprendrez pas. Si vous nourrissez véritablement en vous des pensées justes, vous devez éprouver le besoin de mettre vos activités en conformité avec elles. Si vous ne le faites pas, c'est qu'en réalité vous n'êtes pas tellement convaincu. Il ne faut pas se jouer la comédie. Tant qu'on ne réalise pas ce que l'on sait, c'est que quelque chose manque à ce savoir.

Il est nocif d'entretenir chez les humains l'illusion qu'il n'y a rien de tellement choquant à ne pas conformer ses actes à ses pensées. C'est pourquoi un véritable Enseignement initiatique se préoccupe de toutes les facultés de l'être humain, de tous ses besoins, et des différentes activités qui leur correspondent. L'Initiation concerne l'être entier, non seulement ses activités psychiques mais ses activités physiques : manger, dormir, se laver, marcher, travailler…

Parce qu'elle est fondée sur la seule connaissance que l'être humain peut avoir par ses cinq sens – la connaissance de la matière – la philosophie matérialiste n'est pas dans le vrai, car c'est une philosophie des apparences. Les apparences sont évidemment une réalité, mais elles ne nous révèlent pas toute la réalité, et il ne faut pas se laisser abuser par elles.

Les apparences sont là comme un point de départ pour nous donner à réfléchir. On peut les comparer à un fil d'Ariane que l'on doit suivre pour retrouver le chemin à travers le labyrinthe, et sortir, enfin, à l'air libre, dans la lumière de l'esprit. Nous avons besoin de travailler avec les apparences, mais sans nous y arrêter. Celui qui se laisse séduire par les apparences va au-devant de la mort spirituelle, il est dévoré par le Minotaure.

Derrière une façade respectable, morale, spiritualiste même, combien de gens nourrissent des pensées, des sentiments et des désirs abominables et se conduisent comme des animaux. Pourquoi cette comédie ? C'est aux entités célestes que chacun a tous les jours des comptes à rendre. Si vous gagnez leur opinion, tout sera magnifique en vous et autour de vous, alors qu'en vous contentant de gagner par des simagrées l'opinion des humains, vous resterez avec les mêmes faiblesses, la même médiocrité, exposé aux humeurs changeantes de la foule qui crie un jour : *« Hosanna au Fils de David... Béni soit celui qui vient au nom du Seigneur ! »* et quelques jours après : *« Crucifiez-le ! »* comme on a fait avec Jésus.

Oui, combien de fois on a vu cela dans l'histoire ! On glorifie quelqu'un et peu de temps après on l'assassine. La nature humaine est changeante, infidèle ; et si vous comptez sur son appréciation, vous amassez des charbons ardents sur votre tête. Apprenez à ne compter que sur l'appréciation du Ciel.

16 Septembre

Les laboratoires dans lesquels les scientifiques font leurs recherches sont formidablement équipés, mais vous devez savoir que la nature nous a donné à tous, à la naissance, un laboratoire personnel : nous-même, notre propre corps, notre propre psychisme, le cœur, l'intellect, l'âme, l'esprit. Ce n'est donc pas seulement à l'extérieur de soi qu'on peut se livrer à des expériences ; dans son for intérieur aussi, avec ses sensations, ses sentiments, ses pensées, chacun peut faire des recherches… et des découvertes.

Chacun de vous doit prendre conscience qu'il possède en lui-même un laboratoire extraordinaire : rien n'y manque, toutes les substances, tous les éléments y sont représentés, et il peut y travailler mieux encore que dans les laboratoires extérieurs. Pourquoi ? Parce que malgré les progrès techniques, on n'a pas encore réussi à fabriquer les appareils qui permettraient de découvrir tous les éléments qui existent dans la nature, tandis qu'en l'homme tous les appareils et tous les éléments sont là, à sa disposition.

À toutes vos questions, à toutes vos prières, vous recevez intérieurement des réponses. Si vous ne les entendez pas, c'est à cause de l'épaisseur des murs dont vous vous êtes entouré en vous permettant des pensées, des sentiments, des désirs et des actes qui n'étaient pas inspirés par l'amour, la sagesse et la vérité. Commencez à faire tomber ces murs et vous entendrez.

Maintenant, bien sûr, il se peut que la réponse que vous recevrez ne soit pas très facile à accepter. Quand vous vous débattez dans une situation inextricable en vous demandant comment en sortir, vous avez tendance à vous figurer qu'une solution va apparaître et vous tirer de là comme par un coup de baguette magique. Eh non, cette solution peut exiger de vous d'énormes efforts. Mais ne reculez pas, parce que si c'est vraiment cela la solution, même pénible, elle vaut mieux que toutes les hésitations, les incertitudes, les angoisses dans lesquelles vous viviez jusque-là et qui ne vous quitteront pas tant que vous n'accepterez pas de faire ces efforts.

À tous les êtres humains il a été donné la faculté de penser. Mais comment pensent-ils ? Quelqu'un va vers un tas de fumier et commence à le remuer : il en sort une odeur nauséabonde. Eh bien, souvent, c'est ainsi que les gens pensent : ils remuent le fumier et ça empeste ! Il n'existe pas un être humain qui ne pense pas, car la pensée est avant toute chose et préside à toute chose. Même ceux qui ne font rien pensent, mais leur pensée flotte comme une feuille au vent. D'autres pensent activement comment voler, tromper, chaparder, assassiner…

Penser véritablement, c'est savoir d'abord sur quoi et comment penser. Pour les Initiés la pensée est un instrument qui doit permettre à l'homme de se rapprocher du monde divin, ce monde de lumière, de certitude et de paix. Alors décidez-vous à faire ce travail : même si vous êtes seul et privé de tout, vous vivrez dans la joie, le ciel et la terre seront en vous, ils vous appartiendront.

Combien d'hommes et de femmes se sentent comme des rois et des reines en exil, dépossédés de leur trône ! Ils sont conscients d'une dignité que personne, pensent-ils, ne leur reconnaît, et ils souffrent des conditions qui leur sont faites : la société n'a aucune considération pour eux.

Mais qu'est-ce que la société ? Une vaste scène de théâtre où se jouent toutes sortes de comédies, et ces comédies ne doivent jamais vous faire oublier que l'essentiel, c'est ce que vous êtes, vous, à l'intérieur de vous-même, et non le spectacle que vous donnez sur cette scène. Conservez seulement la foi dans la puissance de votre esprit, dans l'immensité de votre âme. Avez-vous tellement besoin de la considération des autres ? Et même si vous devenez l'objet de cette considération, savez-vous combien de temps cela durera ? Les humains sont tellement changeants, inconstants !

Ce que l'homme appelle l'amour ne peut pas véritablement trouver toute sa satisfaction dans le plan physique. Car ce n'est pas le corps physique qui a besoin d'aimer, mais le cœur, et au-delà encore l'âme et l'esprit. Celui qui s'arrête au corps physique ne peut éprouver que quelques sensations, quelques émotions agréables qui se transforment souvent en jalousie, en agressivité et même en haine.

Dans l'amour comme dans beaucoup d'autres domaines, le corps doit être seulement considéré comme un instrument, non comme un but. Tous ceux qui vivent ensemble sans faire l'effort de chercher quelque chose au-delà du plaisir physique transforment peu à peu leur vie en enfer, car ils finissent par ne voir que les mauvais côtés l'un de l'autre. Qu'ils s'efforcent de faire de leur amour un échange sur le plan de l'âme et de l'esprit et ils goûteront chaque jour un bonheur nouveau. Même quand ils auront vieilli, ils ne cesseront de se redécouvrir, de se réjouir. Car ce n'est pas l'enveloppe, le récipient, le corps qu'on aime, mais son contenu, le principe spirituel issu de la Source unique et inépuisable.

Écoutez le violoniste qui accorde son violon : il doit le faire avec une précision absolue, ni plus haut, ni plus bas que le ton fondamental d'après lequel tous les instruments sont accordés. S'il ne le fait pas, on ne l'accepte pas dans l'orchestre.

On peut comparer l'être humain à un instrument à plusieurs cordes, ou encore à un immeuble de plusieurs étages, dans lequel vivent côte à côte des locataires de différentes sortes. Ces locataires, qui sont rarement d'accord, viennent successivement dire leur mot. Nous avons donc comme première tâche d'y voir clair en nous-même et ensuite de chercher la tonalité fondamentale à partir de laquelle nous harmoniserons les cordes de notre instrument ou les locataires de notre immeuble. Cette tonalité, nous ne la trouverons qu'en nous efforçant de tendre vers le sommet, le monde divin.

Pour que la Création devienne pour vous éloquente, vivante, pleine de sens, il faut apprendre son langage. Toute votre existence doit tendre vers ce but : entrer en communication avec la nature et ses habitants. Des habitants, il y en a partout : dans l'eau, l'air, la terre, le feu, les montagnes, les arbres, le soleil, les étoiles… partout ! Et ils nous saluent, nous font des signes. Mais qui les voit ?

Et qui voit aussi que la nature est une substance lumineuse traversée par des rayons dont aucune langue ne peut décrire la beauté et les couleurs ?…. Pour que ces habitants vous acceptent, pour qu'ils vous secourent et vous soutiennent, préparez-vous à entrer dans ce monde immense avec votre attention, votre compréhension et votre amour. Vous habitez déjà ce monde, vous y marchez, mais vous devez l'ouvrir encore à votre conscience, ôter le voile qui vous empêche de le voir.

Efforcez-vous de prendre goût au travail avec la lumière, non seulement la lumière du soleil, mais aussi cette lumière invisible qui imprègne toute la création ; car seule la lumière est capable de rétablir l'ordre en vous, de faire vibrer en harmonie toutes vos cellules, de rétablir votre santé. Dans le plan physique comme dans le plan psychique c'est elle qui possède les plus grands pouvoirs. Bien sûr, elle n'est peut-être pas la méthode la plus rapide, mais ses effets sont définitifs.

Pensez à la lumière plus qu'à toute autre chose dans la vie, car par ses vibrations d'une extrême subtilité elle nous rapproche du monde de l'esprit. Chaque jour, pendant quelques minutes au moins, pensez seulement à la lumière et à rien d'autre. Ce sera comme un faisceau de particules pures qui vous traversera ; et ce faisceau deviendra si puissant qu'il ira toucher toutes les créatures sur la terre pour éveiller leur nature divine.

L’évolution est la loi de la vie. Tout doit évoluer, même les minéraux : ils évoluent très lentement, mais ils évoluent ; il y a dans le minéral une force qui travaille pour faire apparaître toutes les qualités et les vertus qu’il contient. Les pierres précieuses, les métaux précieux sont des minéraux plus évolués qui possèdent des vertus bénéfiques. Les plantes aussi évoluent, et plus elles évoluent, plus elles donnent des fleurs et des fruits nutritifs, curatifs. Il en est de même pour les animaux et les hommes. Et c’est même vrai pour notre planète et tout le système solaire.

Tout doit avancer, s’améliorer ; là où cette loi est entravée, il se produit des destructions. Des humanités, des mondes, des constellations ont disparu pour s’être opposés à la loi de l’évolution. Tâchez donc de prendre au sérieux cette loi : toute votre vie en sera transformée et vous vous créerez un avenir magnifique.

À cause des gigantesques progrès que la science a réalisés, beaucoup de scientifiques, de penseurs, de philosophes croient qu'elle pourrait remplacer la religion, qui ne fait d'après eux qu'abrutir l'être humain. Remplacer la religion par la science… pourquoi pas ? Je veux bien, mais à condition de donner à la science une autre dimension et d'élargir son champ d'investigation.

Rien n'empêchait la science et la religion d'être deux regards sur une même réalité, la science ayant pour objet le monde physique et la religion le monde spirituel, car l'homme est fait pour vivre simultanément dans ces deux mondes. Encore fallait-il être conscient du double aspect de la réalité et ne pas vouloir privilégier l'un aux dépens de l'autre. Or, c'est ce que les Occidentaux ont fait au cours de ces derniers siècles : ou bien ils ont refusé la science au nom de la religion, ou bien ils ont refusé la religion au nom de la science. Ils n'ont pas compris que la vérité était dans l'ajustement harmonieux des deux. Car l'univers est une unité.

Il ne suffit pas de voir les êtres ou les choses pour les connaître. Connaît-on la terre parce qu'on la voit ? Pas du tout. On ne connaît pas tous ses laboratoires et les innombrables ouvriers qui y travaillent. Connaît-on même l'eau parce qu'on la boit, l'air parce qu'on le respire et la lumière parce qu'elle entre dans nos yeux ? Non. Ce n'est là que le côté physique. Le soleil lui-même est surtout connu comme une source de lumière et de chaleur, mais c'est très peu en comparaison de ce que nous sommes appelés à connaître de lui…

Jésus disait : *« La vie éternelle, c'est de Te connaître, Toi le seul vrai Dieu, et le Christ que Tu as envoyé ».* Vous demanderez comment on peut connaître le Seigneur… En réalité, il ne s'agit pas d'une connaissance objective, car nous ne sommes pas séparés de Lui. Mais pour Le connaître, nous devons augmenter l'intensité de nos vibrations, afin de trouver la longueur d'onde correspondante et pouvoir ainsi nous identifier à Lui. Car la connaissance n'est rien d'autre qu'un ajustement, une fusion avec l'être qu'on veut connaître, donc une harmonie de vibrations.

Vous décidez de faire une retraite… Pendant quinze jours, trois semaines, un mois, l'atmosphère spirituelle dans laquelle vous êtes plongé vous aide à vous retrouver : vous sentez un équilibre, une paix, le sens de votre vie vous apparaît plus clairement, etc.

Mais cette période a inévitablement une fin, et vous voilà repris par la réalité prosaïque ; ce que vous avez vécu de tellement lumineux s'efface. C'est inévitable, surtout si vous n'avez pas déjà une certaine pratique spirituelle. Mais vous devez faire des efforts pour conserver chaque fois plus longtemps les bénéfices d'une telle retraite spirituelle. Alors, dites-vous : « Je sais que je ne pourrai jamais éviter de retourner à la vie prosaïque, mais je dois garder précieusement en moi les expériences lumineuses que j'ai faites, ce sont elles qui me protégeront le jour où viendront les difficultés et les découragements. Quoi qu'il arrive, je ne céderai pas, je ne descendrai pas, je ne perdrai pas ma flamme, mon enthousiasme et mon espoir. »

Quand il ne s'agit que de quelques personnes, c'est facile de se réunir, d'avoir de bonnes relations, de se comprendre, car, en général, les humains ont l'habitude de se regrouper par affinités. Mais quand il s'agit de tous les pays, de toutes les nations sur la terre qui doivent vivre ensemble, que de difficultés ! Depuis des siècles, des millénaires, ils se dressent les uns contre les autres avec leurs visions du monde et leurs religions différentes, avec leurs systèmes politiques et économiques différents, avec leurs traditions différentes. Comment les harmoniser ? Il faut pour cela une science prodigieuse.

Vous suivez l'enseignement de la Fraternité Blanche Universelle et vous croyez qu'il suffit de vous rencontrer entre vous, d'entretenir de bonnes relations fraternelles. Eh non, cela ne suffit pas ! Même si vous êtes quelques centaines, quelques milliers, cela ne suffit pas. Le but de notre Enseignement n'est pas de réunir quelques personnes, mais d'unir tous les peuples. En venant ici, c'est à cela que vous devez penser, c'est à cela que vous devez travailler en cherchant ce que vous pouvez faire pour que se répande cette philosophie de l'universalité.

L'Archange Mikhaël préside à l'automne.

Lorsque vient l'automne, l'archange Mikhaël sépare le fruit de l'arbre. Avec son épée, il tranche les attaches. Mais cette séparation doit avoir lieu au bon moment, exactement comme pour la naissance d'un enfant. L'enfant est comme un fruit qui se détache de sa mère, l'arbre, et cette séparation doit se faire à un moment précis ; il ne faut pas couper le cordon ombilical avant le terme.

De même, le moment venu, l'archange Mikhaël arrache l'âme humaine au corps, son écorce ; et d'une certaine façon, l'âme aussi, comme le fruit, est mise au grenier, c'est-à-dire dans un espace protégé du monde invisible où le maître des lieux veille sur elle. Plus tard, comme la graine, comme le noyau, l'âme sera à nouveau semée, plantée, c'est-à-dire envoyée sur la terre pour s'y réincarner. Encore une fois ce sera l'hiver pour elle : elle souffrira en se souvenant avec nostalgie du lieu qu'elle a quitté, ce lieu où régnaient la paix et la lumière. Mais elle travaillera et elle donnera des fruits, en pensant aux jours heureux où elle retournera dans sa patrie céleste.

D.S.

De tout temps, les humains ont pris les animaux comme symboles des caractéristiques et qualités qui dominent en eux. On les trouve dans toutes les religions et dans de nombreux rites initiatiques. Certains d'entre eux sont très connus, comme le serpent, le poisson, l'abeille, la colombe, le chat, la vache, l'âne, le bœuf, le loup… D'autres le sont moins, comme le hérisson.

Dans certaines traditions, le hérisson est un des symboles de l'Initié, parce qu'il est invulnérable même à la morsure du serpent. Il se nourrit des limaces qui détruisent les jardins, autrement dit il fait disparaître les larves malfaisantes du plan astral. Enfin, ses piquants représentent les pointes dont l'Initié peut se servir pour désagréger les fluides condensés que sont les mauvaises pensées et les mauvais sentiments. C'est pourquoi il existe des Initiations où le disciple qui est sorti vainqueur des épreuves représentant le poison, est appelé « hérisson ».

Dans notre âme et notre esprit, nous sommes libres, mais nous ne pouvons disposer de cette liberté qu'au fur et à mesure que nous resserrons nos liens avec le Ciel. Notre liberté, c'est de nous soumettre aux desseins de Dieu, de ne pas nous révolter contre les difficultés et les souffrances, ni d'essayer de leur échapper, mais de réfléchir et de comprendre leur raison d'être. Le Ciel ne changera peut-être rien aux événements que nous devons traverser, mais intérieurement, il nous donnera la possibilité de mieux y faire face, et ainsi nous ne les ressentirons pas aussi douloureusement.

Ce n'est pas dans le plan matériel que nous devons chercher la liberté, mais dans le plan de la conscience. Si nous acceptons ce que Dieu nous envoie, si nous voulons travailler pour Lui, Dieu, qui est le maître de toutes les destinées, nous permettra de traverser les épreuves comme des sources d'enrichissement spirituel ; et c'est ainsi que nous commencerons à faire vraiment l'apprentissage de notre liberté.

Le Maître Peter Deunov disait un jour : « Vous vous plaignez d'avoir l'estomac vide parce que vous avez dû vous contenter d'un quart de pain. En réalité, ce n'est pas votre estomac qui est vide, mais votre tête et votre cœur. Le quart d'un pain contient assez de sel pour vous nourrir longtemps si, à chaque bouchée, vous ajoutez une pensée de sagesse, un sentiment d'amour. »

Le Maître nous dit-il vraiment que nous devons nous contenter d'un quart de pain par jour ? Non, il veut seulement nous faire comprendre que, pour bien se nourrir, le plus important n'est pas la quantité, mais la qualité. Or, la qualité, la vraie, est difficile à trouver, car ce n'est pas tel et tel magasins qui nous la fournissent. La qualité est un élément spirituel qui doit venir de nous. Il faut manger suffisamment, et manger de la nourriture saine, mais c'est à chacun d'ajouter un élément de lui-même à la nourriture la plus simple, afin de lui donner du goût, ce goût qui sera source d'énergies et de plénitude.

L'argent, les cadeaux, la violence, l'envoûtement, la magie… aucun de ces moyens ne peut obliger un être à vous aimer. L'âme et l'esprit sont fille et fils de Dieu et rien ni personne n'a le pouvoir de les contraindre. Supposons qu'un homme, ou une femme, dont vous auriez forcé l'amour par la magie finisse par céder. En réalité, ce n'est pas son âme qui vous désire. Votre magie a attiré d'autres créatures qui sont entrées dans cet homme ou cette femme pour vous aimer à travers lui, ou à travers elle. Seulement, attention, ces créatures que vous avez attirées ne sont pas des entités lumineuses (les entités lumineuses ne cèdent pas à ce genre de pratiques), mais des larves, des élémentaux. Alors elles vous aimeront peut-être, mais en vous dévorant, en vous épuisant, si bien que plus tard vous payerez très cher le semblant d'amour que vous aurez ainsi obtenu.

Vous n'avez qu'un moyen inoffensif de vous faire aimer d'un être : ne jamais rien penser de mauvais à son sujet, ne lui envoyer que des pensées lumineuses et pures. Même s'il vous repousse, soyez patient, supportez tout et faites tout ce que vous pouvez pour l'aider. Si vraiment vous tenez tellement à lui, tôt ou tard, son âme finira par être touchée et il vous aimera.

Celui qui fait du bien, comme celui qui fait du mal, n'est pas toujours conscient de ses actes : instinctivement, sans même y penser, il apporte l'aide et la joie aux autres. Mais l'Intelligence cosmique veut que l'homme se connaisse dans le bien comme dans le mal afin d'apprendre les lois qui régissent l'univers et sa propre existence. C'est pourquoi, après la mort, il faut que ce bienfaiteur inconscient non seulement sente, mais voie et comprenne ce qu'il a fait. Car là aussi il a des choses à comprendre pour pouvoir persévérer avec encore plus de conviction dans la voie du bien.

Il ne suffit pas d'agir correctement, il faut apprendre à agir en connaissance de cause, et donc connaître le fonctionnement des lois qui régissent l'univers. C'est pourquoi, quand l'être humain pénètre dans l'autre monde, il découvre en détail non seulement le bien qu'il a fait mais comment ce bien a agi sur les autres, et c'est là une magnifique leçon.

5 Octobre

Vous dites que vous avez besoin d'amis qui vous comprennent, et que nulle part vous ne trouvez cette compréhension. Demandez-vous d'abord ce que vous voulez qu'on comprenne en vous. Et même si ce sont vos aspirations les plus élevées, pourquoi exiger des autres qu'ils pénètrent dans votre cœur et dans votre âme pour savoir ce qui s'y passe ?

Il devrait vous suffire de savoir que vous avez la compréhension et le soutien des anges, des entités lumineuses qui peuplent l'espace, et de Dieu Lui-même qui vous a créé. Pour le reste, vos sensations, vos humeurs, vos sympathies, vos antipathies, dites-vous bien que ce ne sont que des questions de tempérament, que chacun a le sien et qu'il n'est pas tellement important que les autres s'y intéressent et les comprennent. D'ailleurs, êtes-vous sûr de bien vous comprendre vous-même ? Non ? Et vous voulez que les autres le fassent !

Avant d'avoir recours à toute autre solution, face à chaque difficulté qui se présente à vous, prenez l'habitude de rechercher d'abord la meilleure attitude intérieure, c'est cela qui vous permettra d'affronter les situations. Par exemple, commencez par vous dire : « Il n'y a pas tellement à s'inquiéter, ce ne sont que des ennuis passagers, ils ne dureront pas. »

Vous êtes surpris, vous ne pensez pas que cela puisse être une méthode efficace ? Mais si, la seule pensée que nos ennuis ne vont pas durer nous aide à les supporter. Et d'ailleurs, c'est vrai, réfléchissez : combien de fois avez-vous eu dans le passé des déceptions, des chagrins, des problèmes qui, sur le moment, vous ont paru insurmontables, et maintenant quand vous y repensez, cela vous semble si lointain, effacé presque, et vous vous demandez pourquoi vous étiez tellement bouleversé, tellement désespéré. Alors, puisque vous avez tous fait ces expériences, ne trouvez-vous pas qu'il vaut la peine d'employer cette méthode ?

Vous connaissez l'histoire du roi Mithridate qui, craignant d'être empoisonné par les gens de son entourage, avait cherché à s'immuniser par une accoutumance progressive aux poisons. Et il est vrai qu'on peut se rendre physiquement invulnérable aux poisons, mais est-ce tellement nécessaire ? Il est probable qu'aucun parmi vous ne court le risque d'être empoisonné, alors que, chaque jour, vous êtes tous exposés à des poisons psychiques, et là, si vous ne savez pas comment réagir, vous succombez. Vous devez donc vous exercer à digérer tous les poisons que des gens stupides ou malveillants peuvent vous verser dans le plan astral. C'est de ces poisons que parlait Jésus quand il dit : *« Heureux serez-vous quand on vous outragera, qu'on vous persécutera et qu'on dira faussement toute sorte de mal de vous ».* Alors, quoi qu'il arrive, réjouissez-vous, et le Ciel se réjouira à cause de vous : vous aurez bien passé l'épreuve.

Le véritable disciple du Christ est celui qui sait neutraliser les saletés qu'il reçoit, sans que sa bouche profère une parole contre Dieu ou contre les hommes. Et s'il se laisse aller à un mouvement d'irritation, de révolte, de vengeance, qu'il fasse au moins un retour sur lui-même en se disant : « Cette fois-ci, j'ai échoué, mais à l'avenir, je chercherai à transformer ma colère et mon impatience en douceur, en amour, en bonté. »

On a l'habitude d'opposer l'esprit et la matière, mais en réalité ils ne cessent d'aller l'un vers l'autre. L'esprit descend vers la matière, et la matière monte vers l'esprit. C'est pourquoi l'être humain, qui par les liens qui l'attachent au plan physique représente la matière, doit tendre vers l'esprit, son esprit, Dieu.

Le fleuve qui descend du sommet de la montagne a le droit de se diviser en petites rivières pour arroser les terres qu'il traverse. Et le soleil aussi a le droit de diffuser ses rayons à travers l'espace pour alimenter la vie dans tout le système solaire. Mais nous qui sommes en bas, au lieu de nous éparpiller nous devons tendre de tout notre être vers le centre, vers le sommet, afin de recevoir de lui la vie et la force… Un jour peut-être, nous aurons aussi le droit de nous disperser, comme le fleuve, comme le soleil, mais quand nous serons devenus vivants comme eux. À ce moment-là, oui, nous pourrons projeter notre vie, la vie de l'esprit, sur toutes les créatures.

Le mot « magie » évoque immédiatement une baguette, des talismans, des grimoires, des incantations, mais par eux-mêmes ces objets ne représentent pas grand-chose. Pourquoi ? Parce que la magie la plus puissante se trouve dans le cœur. Si le cœur n'intervient pas pour donner de l'intensité à vos paroles ou à vos gestes, ils resteront inefficaces. Et au contraire vous pouvez ne prononcer aucune formule, ne faire aucun geste, mais si vous nourrissez dans votre cœur l'amour véritable, le Ciel vous écoute et il exauce vos désirs.

Laissez donc de côté les talismans et les formules magiques, car ils ne vous seront pas d'une grande utilité, mais priez de tout votre cœur, et vous obtiendrez ce que vous souhaitez.

Devant le même verre rempli à moitié, une personne dira qu'il est à moitié plein et l'autre qu'il est à moitié vide. Objectivement cela revient au même, mais pour un psychologue, cela révèle deux mentalités différentes. Si vous vous arrêtez sur le plein, vous vous épanouissez ; si vous vous arrêtez sur le vide, vous vous mutilez. C'est une loi magique. Quand un malade ne fait que penser à sa maladie, son état empire, parce que toute pensée négative travaille à la désagrégation. Qu'il pense à la santé, et il ira déjà mieux.

Bien sûr, il vous manque beaucoup de choses. Et si vous voulez qu'il vous en manque encore davantage, pensez à ce manque, à ce vide... Mais pensez que vous êtes un fils de Dieu, une fille de Dieu, et il s'ensuivra tellement d'améliorations ! En réalité, ce qui manque aux humains, ce n'est pas tellement des conditions matérielles avantageuses, mais plutôt une philosophie lumineuse et divine, seule capable de les arracher à leurs faiblesses et à leurs limitations.

Être capable d'élargir chaque jour le cercle de ses préoccupations et de ses activités, c'est cela évoluer. Or, que voit-on ? Des humains préoccupés surtout par leurs intérêts personnels, et un peu par ceux de leur famille, de leur pays, ce qui entraîne tellement de malentendus. Beaucoup diront qu'il n'y a pas de plus grand idéal que de travailler pour son pays. Non, parce que leur pays ne représente pas la totalité. Si chacun se met à travailler uniquement pour son pays, cela ne peut qu'entraîner des conflits avec les autres pays. Quand on se concentre exclusivement sur une partie d'un tout, on entre nécessairement en conflit avec les autres parties de ce tout. La paix dans le monde exige qu'on envisage les choses du point de vue le plus vaste, le plus universel.

Pour évoluer, il faut introduire dans sa tête un point de vue toujours plus large, ouvrir son cœur à un nombre toujours plus grand de créatures, et mettre toute sa volonté à la réalisation d'une famille universelle.

Quelquefois, au théâtre, un spectateur sans-gêne va s'asseoir au premier rang, espérant que personne ne viendra le déloger. Mais voilà qu'une ouvreuse s'approche, lui demande son billet et l'envoie au poulailler ; puis, celui qui avait loué le fauteuil vient y prendre place. Eh bien, c'est la même chose dans la vie. Celui qui, par ses intrigues, arrive à s'emparer de la place qui était réservée à un autre plus digne de l'occuper, devra la quitter, d'une façon ou d'une autre ; et celui qui reste modestement dans l'ombre peut être appelé à remplir les plus hautes fonctions.

Alors, si quelqu'un occupe momentanément la place qui doit être la vôtre, ne vous inquiétez pas, « l'ouvreuse » finira par venir et l'usurpateur sera chassé. Oui, dans ce grand théâtre de l'existence, chacun reçoit un numéro correspondant à ce qui doit être sa place ; il lui appartient de trouver ce numéro et de savoir interpréter ce qu'il signifie pour lui.

Les pierres sont des êtres vivants. Puisque l'univers entier est vivant de la vie de Dieu, les pierres aussi sont vivantes, ce qui signifie qu'elles peuvent se réjouir et même penser. Vous direz que, n'ayant pas reçu de corps éthérique à la différence des plantes, et encore moins de corps astral et mental, elles ne peuvent ni se réjouir, ni penser… C'est vrai, les pierres n'ont ni corps éthérique, ni corps astral, ni corps mental, et si nous les plaçons au bas de l'échelle de l'évolution, c'est que leur être spirituel est si éloigné qu'il n'a aucune communication avec elles. Les pierres sont le réceptacle d'un être spirituel, mais cet être spirituel n'est pas encore suffisamment descendu en elles pour les vivifier.

Et alors, qu'est-ce qui se réjouit et pense dans la pierre ? L'esprit en haut, non la pierre elle-même. Lorsqu'on déplace ou casse des pierres, elles se réjouissent, parce qu'elles sentent qu'elles vont participer à une construction, à quelque chose de nouveau.

Symboliquement, le 3 et le 4 nous parlent de deux mondes régis par leurs lois propres : le 3, l'esprit, toujours en mouvement, et le 4, la matière, inerte. Toute la vie dans l'univers peut se résumer à cette opposition du 3 et du 4. Prenons l'exemple du zodiaque. Le zodiaque forme un ensemble immuable : les constellations se déplacent dans l'espace cosmique, mais ensemble ; aucune ne prend le pas sur l'autre. Ce sont les planètes qui forment sans cesse des figures différentes. Dans ce sens-là, on peut dire que le zodiaque représente le corps et les planètes l'esprit. De même, dans notre corps physique, les organes ont une place fixe, tandis qu'à l'intérieur, le sang, les fluides, les influx nerveux ne cessent de circuler. Mais c'est avant tout la pensée qui possède la faculté de mouvement : elle est libre, l'espace est grand ouvert devant elle.

Dans la nature, comme dans l'homme, la matière reste la matière et l'esprit reste l'esprit ; on ne doit pas faire de confusion entre les deux, mais apprendre comment l'un travaille sur l'autre. L'esprit, le 3, travaille sur le 4, la matière. Le 3 et le 4 réunis donnent le 7, qui représente une créature vivante chez qui l'esprit et la matière coexistent harmonieusement.

Pendant des siècles les chrétiens ont dit et répété que la chair est faible ; c'est pourquoi ils ont méprisé le corps physique. Mais quelle ignorance ! Le corps par lui-même est neutre, il est l'intermédiaire par lequel nous manifestons nos pensées et nos sentiments. Il ne nous oblige pas à commettre toutes sortes d'excès et de folies ; par son intermédiaire nous pouvons aussi entreprendre des œuvres magnifiques.

Et je vous dirai même que notre corps est le meilleur instrument que nous ayons pour nous rapprocher de Dieu. Oui, en créant le corps physique, Dieu a placé en lui tous les éléments dont nous avons besoin pour retrouver l'ordre et l'harmonie célestes. La structure du corps humain est un livre ouvert qui nous enseigne comment retourner vers le Créateur, car il est le reflet de sa sagesse, de sa bonté, de sa beauté.

Pourquoi est-il dit que les craintifs n'entreront pas dans le Royaume de Dieu ? Parce que même si l'on possède de grandes vertus, ces vertus ne seront pas suffisantes pour neutraliser les dégâts causés par la peur. Cela vous étonne ? Non, cela ne doit pas vous étonner. Combien de fois a-t-on remarqué que la peur s'oppose à la manifestation de toutes les bonnes qualités !

Regardez, par exemple, combien la peur de la solitude, de la pauvreté, de l'opinion publique, de la maladie et de la mort peut rendre les hommes lâches, malhonnêtes, égoïstes, cruels. Combien de crimes sont commis par des gens qui ont peur de perdre une chose à laquelle ils tiennent et à laquelle ils s'accrochent ! C'est pourquoi aussi, dans les Initiations de l'antiquité, seul celui qui avait su triompher de la peur était admis à la connaissance des mystères.

Que ce soient les sentiments positifs (comme la joie, l'amour, l'enthousiasme, etc.) ou négatifs (comme l'angoisse, la haine, la jalousie, etc.), ce n'est ni avec notre cerveau ni avec notre cœur physique que nous les éprouvons, mais avec notre plexus solaire. Donc, en situant ce que nous avons l'habitude d'appeler « le cœur » dans le plexus solaire, les Initiés ont montré qu'ils avaient une meilleure compréhension de ce que sont véritablement l'anatomie et la physiologie. Et de même lorsqu'ils parlaient de « l'intelligence du cœur ».

Notre intellect, l'intelligence de notre cerveau, ne sait pas vraiment comment fonctionne notre organisme, avec tous ces processus chimiques, physiques, que sont la respiration, la circulation, la nutrition, l'élimination, etc., et il ne le sait pas parce qu'il ne le ressent pas. Ces phénomènes, qui sont d'une importance et d'une complexité inouïes, seul le plexus solaire les connaît, car c'est de lui qu'ils dépendent. Comme le soleil est au cœur de l'univers, le plexus solaire est au cœur de l'homme.

Quel pouvoir l'Intelligence cosmique a mis dans la main de l'homme ! C'est grâce à ses mains qu'il a acquis tout ce qu'il possède aujourd'hui. Sans elles, qu'aurait-il créé ? Pour le moment, bien sûr, il ne se sert de ses mains que pour agir dans le plan physique, et c'est très peu : il y a des quantités de réalisations possibles dans des plans qu'il ne connaît pas.

L'Intelligence cosmique a créé la main de l'homme comme un être vivant qui a son cerveau, son système nerveux, son estomac… Et puisque chaque partie du cosmos est en correspondance avec une partie de notre corps, elle est liée au cosmos tout entier. Oui, de même que notre corps est un reflet de l'univers, notre main est un reflet de notre corps : elle est donc elle aussi en relation avec tout l'univers.

C'est après avoir cru découvrir quelques affinités entre eux que des hommes et des femmes, souvent, décident de vivre ensemble. Et, malheureusement, il peut arriver que ce rapprochement leur révèle combien en réalité ils sont éloignés l'un de l'autre, étrangers même. Au contraire, ils peuvent se sentir toujours ensemble tandis qu'une grande distance physique les sépare. Alors, qu'est-ce qui est le plus important : sentir la présence d'un être qui n'est pas là, ou bien l'avoir tout près et le sentir intérieurement très loin ?

Les humains seraient sans doute plus heureux s'ils apprenaient à vivre davantage dans leur monde intérieur. Quand vous aimez vraiment quelqu'un, il est constamment avec vous, en vous, et vous êtes avec lui dans la paix. En tenant absolument à être physiquement avec lui, vous courez sans cesse le risque de discussions et de malentendus. Évidemment, n'abandonnez pas les rencontres, les contacts dans le plan physique, mais cultivez davantage les possibilités de votre monde intérieur.

Abattre un ennemi d'un coup de revolver, verser dans son verre quelques gouttes de poison, placer des explosifs ou ouvrir le gaz pour faire sauter sa maison, c'est facile. Il n'y a pas là de quoi être fier et se vanter de ce genre de victoire.

La vraie victoire, ce n'est pas d'anéantir ses ennemis. La vraie victoire, c'est de réussir à transformer ses ennemis en amis. Comprenez bien cela. Ainsi, au lieu d'être entouré de gens qui ne pensent qu'à vous nuire, vous êtes entouré de gens qui ne pensent qu'à vous aider. Bien sûr, c'est difficile, cela exige déjà tout un travail sur soi, première difficulté, et ce qui est une difficulté encore plus grande, un travail sur l'autre afin de lui faire comprendre qu'il peut être votre ami. Mais remporter ce genre de victoire est la preuve que vous êtes dans la vérité.

Combien de moines, d'ascètes, ou même de simples croyants, se sont infligés volontairement toutes sortes de tourments… « pour plaire à Dieu », pensaient-ils ! Comme si Dieu prenait plaisir à voir la créature humaine blessée, ensanglantée ! Rares sont les religions qui n'ont pas préconisé ce genre de pratiques, et certaines encore de nos jours. Mais il est temps de comprendre que le Seigneur n'a pas besoin de la souffrance des humains. L'époque des flagellations, des tourments, du martyre est terminée. Malmener et mutiler son corps, exposer sa vie, cette manière de s'offrir en sacrifice à la Divinité est stérile.

Le véritable sacrifice est dans l'amour fraternel, désintéressé, pour tous les humains. Celui qui a compris le sens et la puissance de l'amour n'a pas besoin de s'infliger des souffrances : il en aura tellement à partager avec tous ceux qui sont dans le malheur ! Et les obstacles qu'il rencontrera dans ses efforts pour les aider seront encore tellement d'occasions de souffrir ! Mais devant ces souffrances, il ne doit pas reculer : ce sont elles qui le grandiront, l'ennobliront.

Quand elles se sentent nerveuses ou sur le point de perdre patience, certaines personnes sortent de chez elles en disant qu'elles vont « faire un tour », « prendre l'air ». Quelque chose les avertit que si elles ne changent pas de place, la situation deviendra explosive. Parfois, il suffit de boire un verre d'eau ou de manger un fruit pour changer son état intérieur. Oui, savoir se déplacer est toute une science.

Combien de fois vous vous laissez troubler par des inconvénients sans gravité ! Il serait facile de vous en débarrasser en vous déplaçant. Et il y a tellement de façons de se déplacer ! Se déplacer peut aussi consister à vous laver les mains consciemment, en vous concentrant sur un mot : lumière… harmonie… beauté… amour… Passez ensuite vos mains sur votre tête et vos oreilles, puis lavez-les à nouveau. Recommencez plusieurs fois s'il le faut. Vous vous sentirez allégé, car tout ce qui pesait sur vous s'en va par les extrémités de vos doigts.

Quand vos intérêts personnels sont menacés, c'est-à-dire votre confort, votre bien-être, votre réputation, vous devez être patient ; et non seulement être patient, mais remercier le Ciel d'avoir l'occasion de vous montrer intelligent.

Or, que voit-on partout ? Des gens qui regardent sans broncher les forces du mal accomplir sur les autres leur œuvre de destruction, mais qui mobilisent toute une armée dès que leurs propres intérêts risquent d'être lésés. Pour cela, ils seront un jour jugés avec sévérité. La Justice divine leur reprochera : « Vous vous êtes révolté contre la plus petite injustice qui vous était faite, et pendant ce temps vous restiez impassible devant toutes les ignominies que d'autres avaient à subir ; d'une certaine manière vous y avez donc contribué. » Et il ne leur servira à rien d'essayer de se justifier en disant : « Je ne savais pas. » Il faut savoir.

Les humains ont commencé par vivre isolément, chaque famille défendant son petit territoire ; plus tard, ils se sont constitués en tribus, puis en nations, et les sociétés ont fonctionné comme des organismes vivants ; on peut dire qu'elles ont atteint le stade physiologique. L'humanité est donc devenue un immense organisme où chacun travaille pour tous et tous travaillent pour lui. On appelle cela « commerce » et cette situation est évidemment un progrès.

Mais il est maintenant nécessaire d'aller plus loin et de travailler pour une fraternité humaine : cela implique l'amour et la conscience du lien profond qui existe entre les êtres. C'est le stade psychologique. Tant que les relations que les humains entretiennent les uns avec les autres resteront fondées sur l'intérêt, malgré tout ce qu'ils pourront gagner ainsi, ils sentiront qu'il leur manque quelque chose, leur vie restera privée de sens. Ce sens ils ne le trouveront que s'ils arrivent à cultiver une attitude fraternelle, c'est-à-dire s'ils arrivent à comprendre qu'ils doivent partager avec les autres ce qu'ils possèdent de meilleur.

Naître signifie entrer sous la loi de la bénédiction. La naissance est la possibilité donnée à l'être humain de réparer ses erreurs du passé et de développer les puissances lumineuses latentes en lui.

Un enfant ne vient au monde que parce qu'un homme et une femme se sont unis pour s'aimer ; c'est cet amour qui le fait venir à la vie. En naissant, tout être humain reçoit la visite de Dieu. Je sais bien que beaucoup d'enfants ne sont pas réellement des enfants de l'amour, mais je parle en général, je m'en tiens à des principes. Quand des hommes et des femmes se rencontrent et pensent à devenir pères et mères, ils ne commencent pas par s'imaginer que leur enfant sera le fruit du hasard, le résultat d'une violence ou qu'ils auront recours à des moyens artificiels de procréation. Dans le fond de son cœur et de son âme, chacun comprend la naissance comme le fruit naturel de l'amour.

26 Octobre

À l'instant où vous vous éveillez, le matin, pensez à toutes les créatures de lumière qui montent et descendent entre la terre et le ciel. Toute votre journée en sera illuminée… Liez-vous à ces créatures, contemplez-les dans votre cœur et dans votre âme : vous ne pourrez plus vous contenter d'une existence prosaïque, vous deviendrez de plus en plus conscient de vos pensées, de vos sentiments afin de garder ces entités près de vous.

Celui qui ne connaît pas la réalité des régions sublimes et des entités qui les habitent peut se satisfaire d'une vie ordinaire. Mais celui qui la connaît sent que tout ce à quoi les humains ont l'habitude d'accorder de la valeur n'est presque rien à côté. Oui, même ce que la science, les arts, la philosophie ont produit de plus grand, pâlit. Il faut au moins connaître l'existence de ces régions peuplées de créatures parfaites pour comprendre combien il est important de se rapprocher d'elles.

On dit que la souffrance éduque les humains. Mais alors pourquoi, depuis qu'ils souffrent, ne sont-ils pas plus sages ? Au moment où ils sont emportés dans la tourmente, ils prennent la résolution de ne plus commettre telle ou telle erreur ; et même ils prient le Seigneur, eux qui ne priaient jamais ! Mais dès que les choses s'arrangent un peu, ils oublient vite leurs bonnes résolutions. Oui, parce que souffrir ne suffit pas, et s'ils ne comprennent pas pourquoi ils souffrent ni ce qu'il faut faire pour ne plus souffrir, ils retombent dans les mêmes faiblesses, les mêmes erreurs et ils recommencent à souffrir.

Celui qui souffre a besoin de lumière pour être éclairé sur les causes de sa souffrance et sur les moyens d'y remédier, et il a aussi besoin d'amour pour être réconforté, encouragé. Si on veut arracher les humains à leurs souffrances il faut donc savoir se manifester auprès d'eux avec sagesse, mais aussi avec amour.

Celui qui parvient à s'élever jusqu'à la compréhension des œuvres de Dieu, peut redécouvrir la quintessence de tous les Livres sacrés, car les vérités qu'ils contiennent sont inscrites dans la vie de l'univers et dans sa propre vie.

Dieu Lui-même est inaccessible, insondable, au-delà de tout entendement, mais Il a mis en nous et dans l'univers qu'Il a créé tous les éléments qui nous permettent de nous approcher de Lui et de déchiffrer quelques-uns de ses messages. Le premier de ces messages, c'est la lumière, puisque c'est par la lumière qu'Il s'est manifesté au commencement du monde, quand Il a dit : *« Que la lumière soit ! »* Alors, si nous voulons entendre Dieu nous « parler », nous devons chercher la lumière, car c'est à travers la lumière qu'Il s'adresse à toutes les créatures.

29 Octobre

Après la mort, quand il a quitté son corps physique, l'homme entre dans le plan astral inférieur*, où il subit toutes les injustices et les souffrances qu'il a infligées aux autres. Vous direz : « Et si on a fait le mal involontairement, sans s'en rendre compte ?… » Aux yeux de l'Intelligence cosmique l'inconscience n'est pas acceptable non plus ; et d'ailleurs son but n'est pas la vengeance, ni même la punition, elle veut avant tout rendre l'homme conscient, et elle le fait donc passer par les souffrances qu'il a infligées aux autres pour qu'il apprenne, comprenne et se perfectionne.

Certaines créatures traversent très vite cette région de l'astral inférieur, car elles n'ont pas commis de fautes très graves ; d'autres y séjournent et y souffrent longtemps. Lorsque ce stage est terminé, elles entrent dans la région de l'astral supérieur, où elles ressentent une joie, un bonheur proportionnels au bien qu'elles ont fait, car elles doivent aussi prendre conscience de leurs bonnes actions. Si elles ont donné aux autres le courage, l'espoir, la lumière, si elles ont éveillé la foi, l'amour, elles vivent ces mêmes états.

* Voir note et schéma, p. 376-377.

« Connais-toi toi-même »… L'évolution de l'être humain passe obligatoirement par la connaissance de soi. Mais l'exploration du monde intérieur est difficile et elle ne se fait pas sans risques. C'est là que la Science initiatique est tellement nécessaire, car elle nous apprend qu'avant de parvenir aux régions claires et lumineuses de la conscience : les plans causal, bouddhique et atmique, nous devons traverser les régions obscures des plans astral et mental inférieurs où nous sommes continuellement menacés par les illusions et les égarements.*

Ces régions, on peut les comparer à des zones de brouillard et de poussière. Au brouillard correspondent les émotions grossières du cœur, et à la poussière les égarements de l'intellect. Le danger est évidemment de rester là, car la poussière comme le brouillard empêchent la vision claire. Donc pour nous connaître véritablement, nous devons nous efforcer de traverser ces régions incertaines en vue d'atteindre le sommet spirituel, notre Moi supérieur.

* Voir note et schéma, p. 376-377.

31 Octobre

Hauteur, profondeur, largeur… Ces trois dimensions sont en correspondance avec le développement de l'homme. La hauteur est liée à la pensée, la profondeur au sentiment et la largeur à l'activité. Il ne faudrait donc pas parler de pensées profondes, mais de pensées élevées, ni de sentiments élevés, mais profonds. Quant à l'activité, elle doit être large, vaste.

Au cours de sa croissance, l'arbre se développe successivement dans ces trois directions. Tout d'abord, le germe donne naissance à une racine qui s'enfonce dans le sol. Plus la racine est longue et s'enfonce profondément, plus l'arbre pourra grandir et s'élargir. Ensuite se forme le tronc qui gagne peu à peu en hauteur. Une fois la profondeur des racines et la hauteur du tronc assurées, l'arbre étend largement ses branches.

L'homme doit grandir et croître à la manière de l'arbre. Ce n'est qu'après avoir approfondi ses sentiments qu'il peut élever sa pensée, et lorsque sa pensée se sera élevée, il pourra étendre son activité.

Même si personne n'apprécie les efforts que vous faites pour vous perfectionner, que cela ne vous décourage pas : ce n'est pas pour les autres que vous faites ces efforts, mais pour vous-même. Toutes ces richesses spirituelles que vous êtes en train d'amasser, vous les conserverez avec vous quand vous reviendrez sur la terre. Sous quelle forme ? Sous forme de conditions plus favorables que le Ciel vous donnera pour votre épanouissement.

Si vous voyez que vous n'arrivez pas encore à acquérir une qualité, à vaincre un défaut, à triompher d'une mauvaise habitude, dites-vous franchement : « C'est que dans le passé je n'ai pas fait les efforts qu'il fallait, et maintenant tout est difficile. » Voilà ce que vous devez vous dire et mettez-vous tout de suite au travail. Oui, même s'il ne vous restait qu'une année à vivre, une seule année, il faudrait commencer, car même en si peu de temps, les changements qui s'ensuivraient seraient considérables.

Il est naturel de souffrir de la perte d'un être qu'on a aimé, admiré, et de chercher à le retrouver par-delà la mort ; mais pour cela il faut connaître et respecter certaines lois. Pour rencontrer cet être là où il se trouve maintenant, le seul moyen infaillible est de faire l'effort de cultiver les mêmes qualités que l'on sentait et appréciait en lui de son vivant.

Évidemment, c'est plus difficile que de demander à un médium d'évoquer son esprit, d'aller au cimetière se recueillir sur sa tombe, ou de regarder une photo en nourrissant toutes sortes de fantasmagories. Mais si vous voulez vraiment retrouver un être cher, vous n'avez pas d'autre solution que de le chercher à travers ses vertus, car une telle rencontre ne peut se faire que par la loi d'affinité. En développant les mêmes qualités que lui, vous retrouverez son esprit, et seul son esprit est réellement lui.

Au fur et à mesure des années, notre corps physique grandit et se développe, parce que la vie le pénètre et l'anime. Bien sûr, il arrive un moment où le corps arrête sa croissance ; mais jusqu'à la fin de notre existence il ne cesse de se modifier, parce que le principe de vie en nous continue à le pénétrer. C'est nous qui par notre intellect, notre cœur et notre volonté modelons notre corps, et nous restons liés à lui par toutes sortes de relations subtiles qui nous donnent le pouvoir d'agir sur lui.

Quelle conclusion tirer de ce phénomène ? Que pour vraiment agir sur les êtres et les objets, il faut les pénétrer ; voilà une loi à ne jamais perdre de vue. Vous dites : « Pourquoi je n'arrive pas à influencer telle personne – parent, ami, etc. – que je voudrais aider ? » Parce que vous n'avez pas appris à pénétrer les créatures de votre énergie psychique. Et c'est là le principe de la magie.

Pourquoi dire à quelqu'un que vous l'aimez ? Vous l'aimez, cela suffit. L'amour se sent, se voit, c'est même la chose la plus difficile à cacher : il se manifeste par le regard, les gestes, l'attitude, et il n'est pas nécessaire d'en parler. Les humains comptent trop sur l'expression verbale ou écrite de leur amour. Une fois qu'ils en ont parlé, ils croient que la question est réglée. Pas du tout, ils parlent, ils parlent et de plus en plus leur comportement montre que leur amour faiblit.

Il faut garder l'amour comme une chose très précieuse, la plus précieuse, et ne pas l'exprimer par des mots. C'est ainsi que peu à peu il crée dans l'âme la plus grande liberté, le plus grand enchantement. Si vous en parlez, il se produit bientôt de part et d'autre des réactions qui créeront des malentendus, et ce sera dommage. Ne parlez pas de votre amour et il vivra éternellement en vous.

Les civilisations disparues, le passé de l'humanité sont certainement des sujets très intéressants, mais l'essentiel n'est pas là. L'essentiel, c'est la vie qui coule aujourd'hui. On peut retrouver le tombeau du Christ et aller s'incliner devant lui, mais cela ne servira pas à grand-chose, car le Christ n'est plus là, dans le tombeau. Le Christ, c'est un fleuve immense qui coule dans l'univers, partout où il y a la vie, partout ou il y a l'amour.

D'ailleurs, parmi les chrétiens qui vont sur les traces de Jésus en Palestine, et même parmi ceux qui sont à la tête des Églises, est-ce qu'il y en aurait beaucoup qui le suivraient s'il revenait aujourd'hui ? Non seulement ils ne le reconnaîtraient pas, mais encore ils le persécuteraient et réclameraient sa mort. Pourquoi ? Parce qu'ils n'ont pas pénétré les secrets de la vie et de l'amour.

Pareil à un roi qui doit faire face à des insurrections, l'être humain est sans cesse ballotté entre toutes les volontés contradictoires de ses sujets – ses cellules – et leurs révoltes se reflètent très négativement sur lui. Pour retrouver la paix, l'harmonie, il doit apprivoiser les cellules de son corps, comme ses lointains ancêtres ont domestiqué le chien, le chat, le cheval, ou comme on dompte certains animaux sauvages pour les faire ensuite travailler dans les cirques : les tigres, les lions, les ours, les panthères... Pourquoi l'homme ne ferait-il pas la même chose avec ses cellules ?

Si les animaux, les fauves même, peuvent être apprivoisés, éduqués, on peut aussi arriver à éduquer ses propres fauves, ses cellules, afin de les faire marcher ensemble dans un sens constructif. Mais pour cela il faut beaucoup de travail, beaucoup de volonté et surtout beaucoup d'amour. Par votre force, votre patience, votre amour, vous les captivez, vous les entraînez et elles se mettent à votre service.

Partout on ne parle que de changements. On répète qu'il faut des changements… Et que sont ces changements ? Toujours les mêmes luttes acharnées pour le pouvoir, l'argent, les honneurs… les uns chassant les autres pour prendre leur place. Non, il n'y aura de véritable changement que lorsque les humains travailleront à devenir, eux, plus honnêtes, plus nobles, plus maîtres d'eux-mêmes… des modèles. Mais cela ne les intéresse pas. À quoi cela sert-il de s'améliorer ? Ce n'est pas de ça qu'ils ont besoin, ils ont besoin de places, de titres honorifiques pour pouvoir assouvir leurs désirs et leurs convoitises.

Vous direz : « Oui, mais si on doit suivre vos conseils, si on doit seulement travailler à s'améliorer, à devenir un modèle, la situation dans le monde est telle qu'on restera quelque part, inconnu, obscur, au plus bas de l'échelle. » Que savez-vous pour tirer des conclusions pareilles ? Si vous devenez vraiment une source, un soleil, même si vous ne le voulez pas, même si vous refusez, les autres viendront vous prendre de force et vous placeront au sommet pour les diriger. Si cela ne vous est pas encore arrivé, c'est que vous ne le méritez pas, parce que vous n'êtes pas encore prêt.

Dans le sol sur lequel nous marchons, vivent des êtres qui étaient autrefois doués de mouvement, de sentiment, de pensée, mais ils sont tellement descendus dans la matière que maintenant nous les foulons aux pieds. Voilà comment s'éclairent les paroles de Jésus : « *Si le sel perd sa saveur, il ne sert qu'à être jeté dehors et foulé aux pieds par les hommes.* » Toutes les créatures qui ont perdu leur sel, qui ont abandonné l'esprit, sont foulées aux pieds. Toutes les sociétés, les nations, les familles qui ont perdu leur sel sont piétinées. Dans quel but ? Pour les obliger à retrouver leur saveur.

Évidemment, ce point de vue paraîtra insensé à beaucoup, et il n'y aura aucun géologue, aucun paléontologue pour l'accepter. Et pourtant, c'est la vérité : nous marchons sur des êtres qui ont autrefois perdu leur sel. Que vous me croyiez ou non, cela ne change rien à la réalité. Que savons-nous des humanités qui ont précédé la nôtre ?

DICTIONNAIRE

Chaque fois que vous mettez en œuvre la lumière et la chaleur, chaque fois que vous agissez avec la sagesse et l'amour, vous formez en vous la pierre philosophale qui transmue toute matière en or. Et c'est là que vous devenez un véritable alchimiste. Vous n'avez donc pas à chercher la pierre philosophale ailleurs qu'en vous-même, car il n'existe pas de pierre philosophale plus puissante que l'esprit. Le jour où vous arriverez à cet état de conscience où vous sentirez que votre esprit, votre Moi supérieur, est un principe immortel, éternel, une entité indestructible qui voyage dans l'espace et pénètre en tout lieu, vous comprendrez que rien n'est plus important que d'utiliser cette puissance pour travailler sur la matière, votre propre matière, afin de la purifier, la vivifier, la ressusciter.

La pierre philosophale est cette quintessence spirituelle qui transforme tout en or, en lumière, d'abord en vous-même, mais aussi chez toutes les créatures autour de vous, car tout se propage. Voilà la dimension sublime de la pierre philosophale.

10 Novembre

Nous ne pourrons jamais dire que nous connaissons ou possédons la Vérité. Car de la même façon qu'un organisme est formé de millions et de millions de cellules, la Vérité, ce principe éternel vers lequel nous devons tendre, est constituée d'une multitude de vérités partielles. Et cette Vérité qui est la synthèse de toutes les vérités, aucune parole, aucune étude ne peut nous la révéler et elle ne se présentera pas devant nous. Il nous est seulement possible de connaître des vérités qui nous rapprochent de plus en plus de cette quintessence sublime, parfaite, qu'est la Vérité. Ces vérités touchent les multiples aspects des différents mondes : physique, astral, mental, causal, bouddhique, atmique.* Si vous faites l'effort d'étudier sérieusement, patiemment tous ces aspects, vous pourrez peut-être, un jour lointain, apercevoir cette Vérité qui embrasse la totalité des existences.

* Voir note et schéma, p. 376-377.

Du point de vue chimique, on constate que l'eau est le produit de la combinaison de deux gaz. Sa formule, H_2O, signifie qu'une molécule d'eau est composée de deux atomes d'hydrogène et d'un atome d'oxygène. L'hydrogène est donc 2, le nombre du principe féminin ; et l'oxygène est 1, le nombre du principe masculin.

Ainsi, l'eau est l'enfant d'un père oxygène et d'une mère hydrogène. Peut-on comprendre ce mystère qui veut que la rencontre de deux gaz, représentants de l'élément air, produise un liquide ? Deux gaz, symboles des principes masculin et féminin, unis par le feu de l'amour, donnent naissance à l'eau. Par rapport à ces gaz, matières subtiles qui la constituent, l'eau est déjà une concrétisation, une matérialisation, et c'est cette eau qui nous apporte la vie.

12 Novembre

Dès l'instant où nous plongeons dans le sommeil, notre âme s'éloigne de notre corps physique pour aller rejoindre l'Âme universelle. Pendant ce repos du corps, il se fait en lui tout un travail de nettoyage, de purification. À son retour, l'âme retrouve la maison nettoyée, lavée, et elle peut reprendre son travail. Si l'âme ne quittait pas ainsi le corps, nous mourrions empoisonnés, asphyxiés, parce que le travail de nettoyage ne pourrait pas se faire.

Vous direz : « Mais pourquoi ces toxines, ces poisons ? » Parce que la vie est une combustion. Toutes les activités physiques, affectives, mentales, auxquelles nous donnons le nom de « vie », produisent un dégagement de forces, mais elles laissent aussi des déchets qu'il faut un certain temps pour éliminer. Il est donc nécessaire que l'âme s'éloigne du corps pour que le nettoyage puisse se faire. C'est ainsi que la nature a résolu le problème de la vie.

Il dépend toujours de vous d'accepter ou non une influence. Même les esprits infernaux ne peuvent pas vous contraindre. Évidemment, si vous n'avez pas de discernement, si vous ne prenez pas de précautions, si vous ne savez pas vous protéger, ils peuvent vous influencer. Ils vous présentent toutes sortes d'appâts, et si vous avalez l'hameçon, vous tombez dans leur filet et après, doucement, imperceptiblement, ils vous conduisent à votre perte. Dieu leur a donné ce pouvoir… mais seulement si vous êtes faible, si vous n'êtes pas éclairé.

Une fois que vous vous êtes laissé attirer dans la direction où les esprits ténébreux veulent vous conduire, ils ont des pouvoirs formidables sur vous. Mais c'est vous qui êtes coupable ; eux, ils sont ce qu'ils sont, ils ont la permission d'être des tentateurs. C'est à vous d'être lucide, vigilant pour ne pas tomber dans leurs pièges.

Il existe deux sortes de locataires : ceux qui, peu scrupuleux, ne prennent aucun soin de l'appartement qu'ils occupent, alors ils abîment les planchers, tachent les murs en se disant : « Tant pis pour le propriétaire ! » et ceux qui, au contraire, embellissent la maison, refont les peintures, remplacent les tapisseries, etc. De la même manière, il existe deux catégories de locataires, c'est-à-dire d'esprits, dans ces demeures que sont eux-mêmes les humains : certains viennent s'installer pour faire des dégâts, tandis que d'autres consolident, nettoient, purifient et embellissent tout.

Chaque être humain est une demeure pour les entités du monde invisible. Certaines d'entre elles restent quelques minutes, d'autres des mois ou des années, et d'autres encore toute la vie. Les reconnaître est une science. Celles qui restent peu de temps sont en général les plus spirituelles. Elles arrivent avec la rapidité de l'éclair pour déposer en nous des présents, une lumière, et repartent ; mais leur passage laisse des traces qui peuvent durer pendant l'éternité.

Il ne suffit pas de faire chaque soir son « examen de conscience », comme on dit. C'est plusieurs fois dans la journée qu'il faut se poser cette question : « Voyons, comment je sens les choses dans mon cœur ? Est-ce le véritable amour ? Et ma pensée, est-ce qu'elle suit la voie de la sagesse ? Ne s'y est-il pas glissé un élément qui va me faire commettre une erreur ? »... Chaque fois que vous introduisez dans vos pensées, vos sentiments, les éléments de l'amour et de la sagesse, vous réalisez la vérité. Donc, chaque fois vous avancez, vous atteignez un degré de plus dans la recherche de la vérité.

Ces aspects, ces degrés sont en nombre infini ; c'est pourquoi la vérité, il faut l'avoir trouvée et en même temps continuer encore à la chercher. Comment ? En s'attachant une fois pour toutes à ces deux principes irréfutables de l'amour et de la sagesse, mais, en même temps, en découvrant chaque jour les formes les plus convenables pour mettre ces deux principes en application.

Où que vous soyez et quelles que soient vos activités, vous devez avoir pour préoccupation essentielle de créer l'harmonie. Parce que l'harmonie est le fondement de la création. C'est l'harmonie entre tous les éléments, entre toutes les créatures, qui assure la cohésion de l'univers. Tant que vous n'aurez pas compris l'importance de l'harmonie, vous continuerez à créer des dissonances, des désordres, et alors même que vous croirez construire quelque chose d'utile et de durable, vous ne ferez que détruire.

Vous direz : « Mais j'ai telle faculté, j'ai telle compétence… » Il ne suffit pas que vous soyez compétent, il ne suffirait même pas que vous soyez génial : vous devez faire en sorte que votre activité soit en harmonie avec les forces de la nature, avec les esprits lumineux du monde invisible, mais aussi avec les êtres humains.

Dans le langage des symboles, le cercle avec le point central représente l'univers que l'esprit cosmique soutient et anime. Entre ce point central, l'esprit, et la périphérie, la matière, se font des échanges ininterrompus, et ce sont ces échanges qui produisent la vie. La matière est le réceptacle de toutes les richesses, mais c'est l'esprit qui l'anime, la travaille, l'organise, afin que toutes les possibilités qu'elle contient puissent se manifester. Le cercle, privé de son point central, est l'image du chaos.

On peut aussi comprendre cette loi dans la vie intérieure. La pire chose que puisse faire un être humain, c'est de couper le lien avec son centre, l'esprit, pour n'être qu'un cercle, une matière encore inorganisée, une terre aride, un désert. Pour devenir un monde organisé, une terre fertile, nous devons toujours nous lier au point central, l'esprit.

Qui ne se sent pas justifié de critiquer et de combattre les gens dont il juge le comportement déplorable ? Et c'est vrai qu'il y a des comportements contre lesquels il est juste de se révolter. Mais chacun doit aussi se demander s'il n'y a pas de sujets de révolte plus valables. Au lieu de s'indigner toujours contre telle situation, tel individu, tel parti, pourquoi ne pas se révolter plutôt contre ses propres faiblesses, sa propre médiocrité, ses propres vices ? Eh oui, en être indigné, dégoûté et s'efforcer de les juguler.

Si la révolte existe dans l'univers, c'est qu'elle a un rôle à jouer. Mais les humains n'ont pas encore compris où, quand, comment, contre qui et quoi se révolter. Ils doivent se révolter, d'accord, mais contre toutes les entités qui se sont installées en eux et qui les trompent, les grignotent. Car ce sont elles, leurs vrais ennemis.

Vous devez faire des efforts pour réveiller les puissances endormies en vous par des siècles d'inertie et de stagnation. Avec l'inertie vous n'irez nulle part, vous n'ouvrirez aucune porte, vous ne déclencherez aucune force, vous ne remuerez aucune couche de votre être spirituel. Alors, mettez votre volonté au travail, concentrez-vous, méditez, priez, faites des exercices.

L'Enseignement de la Fraternité Blanche Universelle vous donne les meilleures méthodes pour vaincre l'inertie de l'intellect et du cœur bloqués par l'obscurité et le froid. Ayez toujours le désir d'ajouter quelque chose de plus à votre existence, quelque chose de plus lumineux, de plus chaleureux. Par la pensée vous pouvez même communiquer aux objets inanimés des vibrations subtiles, qui stimuleront bénéfiquement tous ceux qui passeront auprès d'eux, à commencer par vous.

Que, dans des cas exceptionnels, des parents donnent une gifle ou une fessée à leur enfant, cela ne peut pas lui faire de mal. Seulement voilà, à ce moment-là, ils doivent veiller à ce que leur regard n'exprime aucun sentiment négatif, parce que l'enfant oubliera vite la gifle ou la fessée, mais il n'oubliera jamais un mauvais regard.

Donc, attention ! Quand une mère doit corriger son enfant, il faut qu'elle reste maîtresse d'elle-même, qu'elle montre à l'enfant qu'elle souffre d'être obligée de lui donner cette correction. Qu'elle lui dise : « Tu vois, je ne voudrais pas te frapper, mais c'est toi qui m'y obliges parce que tu as mal agi. » Et ensuite, allez… la fessée ! Alors, l'enfant sent que c'est par sa faute à lui que sa mère est obligée d'agir comme elle le fait. Il réfléchit et commence à comprendre qu'il existe des lois qu'il ne faut pas transgresser, et peu à peu cela produit en lui une grande amélioration.

Vous devez pouvoir vivre et entretenir de bonnes relations avec les humains, les aider, les aimer, mais en vous efforçant de ne pas partager leurs faiblesses afin de ne rien perdre de vos convictions, de votre énergie spirituelle. C'est ainsi que vous pourrez leur donner quelques rayons de votre cœur, de votre âme, et vous aurez la joie d'avoir éclairé quelques créatures sur la terre. Mais sachez que vous n'y arriverez que grâce à la Science initiatique.

Ceux qui pensent : « Je suis fort, je résisterai, je ne me salirai pas » sont des naïfs. Personne n'a jamais réussi à traverser l'existence sans dommage, à moins de posséder de grandes connaissances et de s'être exercé à développer une volonté formidable. Celui qui présume de ses forces succombera comme les autres, parce que le monde est tellement riche, séduisant et rempli de pièges qu'au bout de quelque temps on succombe ; et dès qu'une porte est ouverte, c'est fini, on se laisse envahir. Pour triompher des tentations, il faut posséder la Science initiatique.

Les humains ont l'habitude de se prononcer sur les êtres et les choses d'après les apparences, et ils s'imaginent que cette connaissance leur suffit. Eh non, c'est pourquoi, pour la majorité d'entre eux, l'existence apparaît monotone et vide : ils ont une compréhension tellement étroite et superficielle de la réalité !

Prenons seulement la manière dont les hommes et les femmes ont l'habitude de se considérer mutuellement. Lorsqu'ils vivent en couple depuis un certain temps, ils pensent qu'ils n'ont plus rien à découvrir les uns des autres ; c'est pourquoi en effet ils ne découvrent plus rien, et ils s'ennuient. Mais c'est en eux-mêmes, pas chez les autres qu'ils doivent chercher la cause de cet ennui. Ils se sont fermés aux courants de la vie, et alors tout le côté subtil des êtres, leur âme, leur esprit, leur échappe. Les êtres sont vivants, et la nature aussi est vivante, mais pour entrer en contact avec cette vie, ils doivent affiner en eux certaines facultés de perception.

La direction, le savoir, l'expérience véritables viennent d'en haut. Depuis des temps immémoriaux, les Initiés, les grands Maîtres de l'humanité se transmettent toujours et transmettent à leurs disciples le même savoir : ils enseignent que de l'atome jusqu'aux archanges et jusqu'à Dieu, la vie est une hiérarchie ininterrompue d'êtres liés entre eux, chacun constituant une partie de cet immense organisme vivant qu'est l'univers.

Et nous, les humains, nous nous trouvons insérés quelque part dans cette échelle des créatures. Au-dessus et au-dessous de nous se trouvent des êtres liés à nous. Que nous le sachions et le voulions ou non, ce lien existe. Mais il est essentiel que nous en soyons conscients et que nous travaillions à entrer en relation avec les êtres au-dessus de nous qui nous entraîneront toujours plus haut.

Un homme et une femme qui s'aiment ignorent ce qui les a poussés l'un vers l'autre. Ils sont conscients de ressentir une attraction, mais inconscients de ce qui l'a fait naître. Quelle est donc l'origine de cette attraction qui fait naître l'amour ? Deux entités, deux énergies se rencontrent dans l'espace ; entre elles s'établissent magnétiquement des échanges fluidiques impondérables. C'est cette rencontre qui donne naissance à l'amour, chacun recevant de l'autre les éléments qui lui manquent et qu'il n'avait encore trouvés nulle part.

On s'étonne souvent des liens qui se forment entre certains êtres ; en apparence, rien n'aurait dû les rapprocher. Eh bien, justement, l'explication en est dans ces échanges subtils qui se font entre eux à leur insu.

On a vu des artistes admirables vivre dans la débauche et les perversions, et leur entourage se demandait comment ils pouvaient exprimer ainsi le Ciel alors qu'ils vivaient l'enfer. Eux-mêmes ne le savaient pas. Ils ignoraient que leurs dons avaient pour origine des esprits lumineux du monde invisible qui venaient se manifester en eux dans l'espoir de les sauver.

Oui, ce talent mystérieux qui se révèle chez certains êtres est une sorte de pont que les entités spirituelles établissent entre eux et le Ciel. Elles écrivent, peignent, composent, chantent et jouent à travers ces êtres qu'elles habitent, faisant des sacrifices immenses pour les sortir de l'enfer. S'ils s'obstinent dans la voie de la destruction, elles finissent un jour par les quitter ; elles le font avec tristesse, mais elles y sont obligées.

Vous ne maîtriserez votre monde intérieur qu'en cherchant à placer votre esprit au centre de votre existence comme seule réalité stable, immuable, indestructible, et à vous identifier à lui. Peu à peu, vous sentirez que vous rayonnez dans toutes les directions de l'espace, et il se formera autour de vous une aura pure et puissante qui attirera la présence d'entités célestes.

Seul celui qui arrive à former autour de lui un cercle de lumière a véritablement trouvé sa place dans le monde. Car où qu'il aille, dans ce cercle qui l'entoure les meilleures conditions pour créer lui sont aussi données. De même que dans votre corps physique vous êtes protégé par votre peau, dans vos corps psychiques vous êtes protégé par votre aura. Dès que vous quittez le centre, c'est comme si l'aura, cette peau spirituelle se fissurait et le moindre désagrément vous fait perdre l'équilibre, vous enlève votre paix. Seul le centre, votre esprit, est votre véritable place.

Comme le poisson dans l'eau, la taupe sous terre, l'oiseau dans l'air et la salamandre, dit-on, dans le feu, chaque créature doit trouver sa place. Et quelle est la place de l'être humain ? L'univers entier. Dans cet univers, les différents organismes qui le constituent ont un lien avec les quatre éléments : le corps avec la terre, le cœur avec l'eau, l'intellect avec l'air, et l'âme et l'esprit avec le feu.

Bien sûr, il est souhaitable que vous trouviez votre place dans une famille, un pays, une profession, mais cela ne suffit pas. Si votre cœur, votre intellect, votre âme et votre esprit ne trouvent pas aussi le lieu où ils recevront la nourriture dont ils ont besoin, vous vous sentirez toujours insatisfait. Le cœur a besoin de la chaleur, l'amour ; l'intellect a besoin de la lumière, la sagesse ; l'âme a besoin de l'immensité et l'esprit de l'éternité.

Le ciel est gris… Vous aimeriez bien recevoir la chaleur et la lumière du soleil, mais c'est impossible, vous devez attendre que les nuages s'éloignent, et en attendant vous avez l'impression que le soleil vous a abandonné. Pas du tout, vous êtes seulement au-dessous des nuages. Prenez l'avion pour vous élever au-dessus de ces nuages : plus rien ne peut s'interposer entre le soleil et vous, il est là, il brille sans arrêt.

Si intérieurement vous vous sentez abandonné, cela prouve que vous êtes descendu trop bas sous les nuages, et là, bien sûr, il y a toujours un écran qui vous prive des bienfaits du soleil spirituel. Alors, puisque cette sensation d'être abandonné ou non dépend de vous, pourquoi ne pas changer votre état de conscience ? Pourquoi rester dans une région si basse où chaque jour, à chaque minute, un écran intercepte la lumière ? Qui vous empêche de monter pour recevoir les bénédictions du soleil ?…

La croix est une des figures géométriques les plus simples : une horizontale et une verticale qui se coupent à angle droit. Mais étudions ces deux directions. La direction horizontale est celle de l'étalement, de l'éparpillement ; comme l'eau qui se répand sur une surface. Au contraire, la direction verticale est celle de l'unification ; comme le feu qui s'élance vers le ciel. Il y a dans la forme du feu quelque chose qui rappelle celle de la montagne avec une base et un sommet.

La ligne horizontale est donc celle de la matière, la ligne verticale celle de l'esprit. Et ces deux lignes ne sont pas séparées, elles se rencontrent, elles se « croisent » justement, ce qui montre bien que ces deux directions non seulement ne sont pas incompatibles, mais qu'elles ont aussi quelque chose à faire ensemble. Le symbole de la croix nous invite donc à continuer à accomplir notre travail dans la matière tout en prenant la direction verticale pour retourner vers l'esprit, la source, le sommet.

Ne cherchez plus tellement votre bonheur à l'extérieur de vous, car l'essentiel de ce dont vous avez besoin se trouve en vous, dans votre monde intérieur. Je vous dirai même que, dans l'avenir, les humains seront capables de condenser leur monde intérieur jusqu'à le faire exister dans la matière : ce dont ils auront besoin dans le plan physique, ils sauront le créer, lui donner forme et consistance. Oui, comme Dieu a créé le monde, l'homme sera capable de créer son monde extérieur. Pour le moment, c'est lui qui est à la merci du monde extérieur, il le subit, il n'a pas l'impulsion nécessaire pour remédier, pour faire face, et il succombe. Si quelque chose de bon pour lui se présente du dehors, il est un tout petit peu satisfait ; mais s'il n'y a rien, il se sent pauvre et démuni. Ce n'est pas fameux comme situation !

Préparez-vous pour cet avenir où vous serez tellement maître de vous-même que vous pourrez faire du monde extérieur le reflet de votre vie intérieure. Ce sera alors pour vous la splendeur, l'immensité, la toute-puissance.

Tous ceux qui ne pensent qu'à augmenter leur compte en banque, leur influence sociale, leur pouvoir sur les autres, ne font en réalité que se limiter intérieurement. Et même s'ils commencent par en tirer de grandes satisfactions, ils seront obligés à un moment ou à un autre de se limiter extérieurement aussi.

Quant à celui qui marche sur le chemin de la croissance spirituelle, même s'il ne peut pas éviter certaines souffrances et limitations, il se libère. Ses souffrances sont comparables à celles de la mère qui doit mettre un enfant au monde. Cet enfant est le fruit d'une longue maturation, et sa venue se fait souvent dans la douleur, mais quelle joie quand il est là, enfin ! C'est de cette expérience que s'inspire le christianisme quand il enseigne que le but de la vie spirituelle est de faire naître l'Enfant Christ en chaque être.

Pourquoi les humains se trouvent-ils si démunis devant les événements de l'existence ? Parce qu'ils sont négligents, inconscients. Ils croient qu'ils seront les plus forts, et ils sont victimes ! Ils ressemblent à celui qui croirait pouvoir lutter contre l'hiver ou l'empêcher de venir. Il serait bien obligé d'admettre un jour que l'hiver est plus puissant que lui. Il doit le subir, et que se passera-t-il s'il n'a rien prévu ?…

N'oubliez jamais que l'hiver viendra et dites-vous : « Je vais faire des provisions de bois, de charbon, de vêtements, c'est-à-dire de sagesse et d'amour et avec ça, que l'hiver soit le bienvenu ! » Ainsi l'hiver et vous, serez satisfaits. Voilà donc la meilleure attitude : ne pas lutter contre les épreuves auxquelles vous soumet la destinée, mais vous montrer prévoyant, vous fortifier dans la sagesse et l'amour afin d'affronter les difficultés avec lucidité et courage.

« Notre Père, qui es aux Cieux… » En apprenant aux humains à considérer Dieu comme leur Père, Jésus a changé l'image qu'ils avaient de Lui, et il les a fait sortir d'un monde exclusivement gouverné par la justice pour les faire entrer dans celui de l'amour, de la bonté, du pardon. Ils n'étaient plus les serviteurs d'un maître rigide, implacable, mais les enfants d'un Père aimant et miséricordieux.

Ce changement de point de vue concernant les relations entre les humains et le Seigneur en a entraîné un autre encore plus profond, également mentionné dans les Évangiles, mais qui n'a pas encore été bien compris. Ce changement de point de vue concerne la nature de l'homme lui-même. Si Dieu est notre Père, c'est que nous sommes de même nature que Lui – on n'a jamais vu un père et ses enfants être de nature différente. Et si nous sommes de même nature que Dieu, nous pouvons nous identifier à Lui. C'est pourquoi Jésus a dit aussi : *« Soyez parfaits comme votre Père céleste est parfait. »*

Au premier abord on peut ne pas voir tellement de relations entre l'eau, le vin, le sang et l'amour, et pourtant ils ont la même signification symbolique et jouent le même rôle dans l'univers. Comme l'eau est nécessaire à la terre et à la végétation qui recouvrent sa surface, le sang est nécessaire à notre corps dont il irrigue tous les organes.

L'amour peut être bu comme de l'eau, ou du vin (et alors il provoque l'ivresse !) ou bien, comme le sang, il entretient l'énergie vitale. En réalité, l'amour peut être compris dans tous les plans : il est l'eau dans le plan physique, le vin dans le plan psychique, le sang dans le plan spirituel ; il apporte la vie, la pureté, l'immortalité.

La faculté que vous avez de vous réjouir de tout ce qui arrive de bon aux autres, voilà un critère de votre évolution. Car généralement, on doit le reconnaître, il est difficile de se réjouir des succès et du bonheur des autres, et à plus forte raison s'ils réussissent là où on a échoué. En revanche, quand on les voit dans le malheur, là, les bons sentiments s'éveillent, la pitié, la compassion, le besoin de les consoler, de les aider. Eh oui, devant les accidents, les maladies graves, quand les autres ne peuvent plus leur porter ombrage, les humains deviennent naturellement plus compréhensifs, plus bienveillants, sans même avoir d'efforts à faire.

Ce sont donc vos réactions devant le succès et le bonheur des autres que vous devez étudier. Le jour où vous saurez sincèrement vous en réjouir, cela prouvera que vous avez réussi à vous détacher des plans astral et mental* – les sentiments et les pensées égocentriques – pour vous élever jusqu'aux plans causal et bouddhique où règnent la sagesse et l'amour, seuls capables de vous donner la vraie joie.

* Voir note et schéma, p. 376-377.

Parmi les faiblesses des hommes, il n'est pas tellement fréquent d'entendre mentionner la peur, qui est pourtant une grande ennemie du progrès intérieur. Derrière la lâcheté, l'avarice, la méchanceté, il y a très souvent la peur. On rencontre des gens qui prétendent n'avoir peur de rien, mais qu'entendent-ils par là ? En réalité, s'ils savaient mieux s'analyser, ils constateraient qu'ils ont peur au moins de quelque chose ou de quelqu'un.

On ne peut même pas énumérer les différentes formes de peur : elles sont infinies, depuis la peur des accidents, de la maladie, de la mort, jusqu'à celle de l'opinion publique, en passant par la peur de manquer d'argent, d'être trompé par sa femme ou par son mari, et ainsi de suite. La peur chemine avec l'être humain tout au long de son existence et obscurcit son ciel intérieur. C'est donc à tous les instants que chacun doit être prêt à l'affronter.

Après avoir été un moment adulé par les foules, quelle déception pour de jeunes artistes de se voir oubliés et remplacés par d'autres ! Mais ils auront beau se ronger, se dire que ce n'est pas juste, c'est ainsi : le public est sans pitié, il cherche la nouveauté, et ceux qu'il a un moment applaudis sont vite remplacés par des nouveaux, et les nouveaux par de plus nouveaux… À moins de connaître un secret : être capable de renouveler la vie en soi.

Si vous savez rayonner chaque jour une vie nouvelle, une vie qui est amour, lumière, pureté, on ne voudra jamais vous remplacer, même si vous avez trois cents ans ! On ne remplace pas le soleil, on remplace toutes sortes de choses et de gens, mais on n'a encore jamais réussi à remplacer le soleil. Les maris remplacent les femmes, et les femmes les maris en donnant à cela toutes sortes de raisons. Mais la vraie raison, c'est que les uns et les autres ont laissé leur vie stagner. Les êtres qui rayonnent la vie, personne n'a envie de les remplacer, car c'est de vie qu'on a le plus besoin.

Celui qui ne met pas le Ciel au centre de son existence, vit dans l'anarchie. Vous direz: « Mais moi, je ne suis pas un anarchiste, je suis même contre l'anarchie, et pourtant je ne me préoccupe pas du Ciel, je n'y crois pas. » Intellectuellement, c'est peut-être vrai, mais profondément vous vivez dans l'anarchie, car quelles sont vos préoccupations ?... Vous direz peut-être que c'est le bien de la collectivité, la fraternité entre tous les hommes, car maintenant chacun prétend penser généreusement au monde entier. Mais voyons comment vous vous y prenez. Est-ce que vos pensées, vos sentiments et vos énergies sont vraiment mobilisés dans cette direction ?

Si vous êtes honnête, vous serez obligé de reconnaître que vous allez à droite et à gauche, partout où vous pensez pouvoir trouver du plaisir, satisfaire des ambitions, recevoir un peu plus d'argent ou d'honneurs... Eh bien, c'est cela la véritable anarchie : l'anarchie intérieure, cet état dans lequel vivent la majorité des humains tant qu'ils n'ont pas appris à mobiliser, à coordonner toutes leurs énergies afin de les mettre au service d'un idéal divin.

Tout ce que vous vivez intérieurement est lourd de conséquences. Pourquoi ? Parce que chaque pensée, chaque sentiment, chaque désir a la propriété d'attirer de l'espace une matière qui lui correspond. Ainsi, de bonnes pensées, de bons sentiments, de bons désirs soutenus par une volonté ferme attirent des particules d'une matière pure, éternelle, incorruptible.

Si vous travaillez chaque jour à attirer cette matière, elle entre en vous et y trouve sa place en même temps qu'elle chasse toutes les vieilles particules ternes, maladives… jusqu'au renouvellement complet de vos corps physique, éthérique, astral et mental*. Et comme chaque particule de matière est liée à une force qui lui correspond, plus une matière est pure, plus elle vibre et attire des forces correspondant à sa nature. Donc, lorsque vous remplacez dans votre organisme des particules déjà vieillies par de nouvelles particules plus pures, vous attirez en vous les courants et les forces des régions célestes.

* Voir note et schéma, p. 376-377.

Plusieurs fois dans leur existence, les humains ont à subir des épreuves qui les obligent à se poser les seules questions vraiment importantes : celles qui concernent le sens de leur vie. Et si on leur dit qu'ils trouveront les réponses dans la religion, la plupart continuent à se sentir perdus, dans le vide.

Mais il peut arriver que, submergés par la souffrance, certains êtres plongent si profondément en eux-mêmes que c'est là, en eux, qu'ils trouvent les réponses. Ce n'est pas la religion qui les aide, ce n'est pas la foi qui les aide, mais ils trouvent la foi à cause de l'expérience qu'ils sont en train de vivre. Car la vérité, c'est que Dieu a mis en l'homme toutes les réponses aux questions qu'il se pose, toutes les ressources dont il a besoin pour affronter les épreuves de la vie. Par le tâtonnement, il peut finir par les trouver, et il les trouve même plus sûrement que dans certaines explications de la religion.

Le Maître Peter Deunov disait : « Si quelqu'un monte sur ton dos, tu dois patienter ; s'il lance sur toi des essaims de mouches et de moustiques, tu dois aussi patienter. Mais s'il place ses mains sur tes yeux quand tu te mets en chemin, cela tu ne dois pas l'accepter. »

Qu'est-ce que cela signifie ? Que dans la vie quotidienne, nous devons nous efforcer de porter les fardeaux que les autres mettent sur notre dos, et que nous devons aussi être patients s'ils nous compliquent la vie et sont injustes envers nous. La seule chose que nous ne devons pas accepter, c'est qu'ils nous empêchent de voir le bon chemin et de le suivre. Il ne faut pas être patient avec ceux qui, par leurs paroles ou leur comportement, tentent de détruire en nous le temple de Dieu, d'éteindre notre lumière, de couper nos liens avec le Créateur. Là, il faut s'opposer de toutes ses forces.

On peut essayer de guérir les maladies physiques par des moyens psychiques : la pensée, la prière… mais même dans le meilleur des cas, cela prendra beaucoup de temps. Or, souvent pour remédier on ne peut pas attendre, et on doit utiliser des moyens matériels : médicaments, opérations…

Pourtant, à très longue échéance, les moyens spirituels sont les seuls dont l'efficacité soit définitive. Si vous apprenez à arranger les choses du point de vue de l'âme et de l'esprit, cela vous prendra des années, mais à la longue vous arriverez à introduire l'ordre et l'harmonie jusque dans le plan physique. Tous les phénomènes matériels ont leur cause en haut, et le corps physique obéit, se modèle, se façonne d'après les directives qu'il reçoit du sentiment, de la pensée, et même de l'âme et de l'esprit. Du moment que nous vivons dans le plan physique, nous ne pouvons pas négliger les moyens du plan physique ; mais en même temps nous devons donner la priorité à l'esprit, à la pensée, en sachant que cela entraînera un jour de grandes transformations jusque dans le plan physique.

On ne devient pas pédagogue en suivant des cours ou en lisant des livres de pédagogie. Seul peut être pédagogue celui qui est né pédagogue : par sa seule présence, son regard, ses émanations, il a une action bénéfique sur les enfants. Il a existé dans l'histoire des êtres qui étaient nés avec cet amour et ces qualités morales : par leur autorité naturelle, ils influençaient les enfants et ils ont fait des merveilles avec eux. Les enfants sont sensibles, ils sentent de loin si vous êtes ou non un maître. Les animaux aussi. Regardez le cheval : si le cavalier est poltron, le cheval le sent, et allez, hop, par terre ! Autrement il se soumet. Les enfants aussi ont cette intuition naturelle.

En réalité la véritable pédagogie n'est autre que l'Initiation. Le véritable pédagogue, c'est l'Initié. Par leur exemple, leur abnégation, leur patience, leur sacrifice, les grands Initiés ont peu à peu éduqué l'humanité en lui montrant de nouveaux chemins.

Vous travaillez pour un idéal, vous vous montrez désintéressé, généreux, et évidemment vous vous exposez à ce que des gens abusent de vous ou se montrent ingrats. Alors vient le moment où vous êtes tenté de vous dire : « Je suis un idiot, je suis une poire, j'aurais dû comprendre d'avance que la vie est une jungle et que pour réussir et se faire respecter, il ne faut pas tellement avoir de scrupules. Oh, que j'ai été bête ! Maintenant, c'est fini, je ferai comme les autres. » Eh bien, voilà le plus mauvais raisonnement qui existe.

Il est douloureux de perdre ses illusions, à qui le dites-vous ?… Mais pourquoi y ajouter encore la perte de votre idéal, c'est-à-dire la perte de la seule chose qui peut réellement donner un sens à votre vie ? Désormais, quand vous êtes déçu par les humains, pleurez un moment si vous ne pouvez pas vous en empêcher, mais ne pensez jamais que vous avez eu tort de suivre le chemin divin de la bonté, de la générosité, du sacrifice : continuez !

Quelle que soit leur religion, tous ceux qui s'attachent à des croyances et des rites qui s'écartent de ces réalités essentielles que sont la lumière, la chaleur et la vie, sont la cause de grands malheurs. Qu'ils se tournent vers le soleil pour apprendre sa leçon ! Le soleil dit : « Regarde-moi : je n'ai jamais cessé de vous distribuer mes richesses, alors, faites comme moi. » Mais les humains préféreront se massacrer jusqu'au dernier pour imposer leur conception d'un Dieu qu'aucun d'eux n'a jamais vu. Et en effet personne n'a jamais vu Dieu, mais le soleil nous en donne la meilleure image.

C'est le soleil qui exprime le mieux la perfection divine. Il distribue à tous la lumière, la chaleur et la vie sans s'occuper de savoir qui est orthodoxe, catholique, protestant, juif, musulman, bouddhiste… Pour le soleil, tous sont des enfants de Dieu. Tôt ou tard, les humains ne pourront plus ignorer cette réalité, et ils trouveront la vraie, l'unique religion. Alors, même les chrétiens comprendront que le Christ n'est autre que l'esprit du soleil, ils sentiront qu'à travers le soleil, c'est le Seigneur Lui-même qui est là, plein d'amour.

Lorsqu'elles sont arrivées à un degré supérieur de l'évolution, il y a des âmes qui, au moment de s'incarner sur la terre, s'engagent devant les entités célestes à accomplir une mission : elles promettent de développer les facultés et les vertus qu'elles possèdent déjà afin d'aider et d'éclairer les humains. Sous quelque forme que se fasse cette promesse, elle peut se résumer ainsi : mettre ses qualités, ses possibilités spirituelles et matérielles au service des autres.

Vous direz : « Mais alors, les âmes qui descendent sur la terre n'ont pas toutes une mission à remplir ? Certaines viennent s'incarner sans destination particulière ? » Il faut comprendre : tous les êtres humains sont fils et filles de Dieu, ce qui leur impose des obligations, mais toutes les âmes ne sont pas parvenues au même degré d'évolution. Beaucoup sont encore faibles, inexpérimentées, elles descendent pour s'instruire, se perfectionner ; c'est là, pour le moment, leur seule vraie mission et c'est déjà beaucoup.

Dieu répand son amour partout dans l'univers et dans les créatures, mais pour en bénéficier vraiment il faut apprendre comment le capter et trouver la bonne attitude. C'est tout un changement d'état d'esprit qui demande que l'on devienne de plus en plus sensible au côté subtil des choses.

Dès l'instant où vous apprenez à vous nourrir de l'amour de Dieu, il transforme tout dans votre vie : vous ne dépendez plus des circonstances ; vous vous sentez libre, riche, dans la plénitude. Qu'on vous aime ou qu'on ne vous aime pas, vous planez au-dessus de tout, parce que cet amour fait partie de vous, il imprègne toute la substance de votre être. Vous direz que c'est difficile à comprendre. Oui, bien sûr, c'est difficile, mais ce sera facile dès que vous chercherez à communier avec cette réalité subtile, vivante, profonde, qui seule peut vous combler : l'amour de Dieu.

Le Créateur nous a donné une volonté pour que nous en fassions l'instrument de notre nature supérieure, pour que nous la mettions au service d'un haut idéal. Cela commence par la compréhension des vérités essentielles. Dès que vous avez compris une vérité essentielle, employez votre volonté à la mettre en pratique, en sachant que c'est le seul moyen de la comprendre vraiment.

Énoncer des vérités, c'est facile, le premier venu peut aller les trouver dans les ouvrages de quelques sages pour les répéter ensuite comme un perroquet. Il se peut qu'il gagne ainsi l'estime des aveugles, qui ne voient pas combien il est intérieurement faible et délabré. Mais tromper des aveugles n'est pas un bien grand exploit ! En tout cas, il y en a d'autres qui ne se laissent pas tromper : les entités lumineuses du monde invisible. Or, c'est de ces entités que nous devons gagner l'estime, et nous la gagnerons en appliquant les vérités que les Initiés nous révèlent. Ces vérités sont des armes et nous n'en trouverons jamais de meilleures pour remporter les victoires de la vie ; mais nous devons avoir un bras pour nous en servir, c'est-à-dire une volonté pour les mettre en pratique.

Réussir est évidemment plus agréable et plus glorieux que d'échouer. Mais en réalité, que ce soit dans les succès ou les insuccès, il n'est pas facile de trouver la bonne attitude intérieure : avec les uns on peut se croire tout permis, avec les autres on peut s'effondrer. Alors, la seule chose à faire est d'accorder peu d'importance aux uns comme aux autres. L'essentiel, c'est d'apprendre à nous servir de nos facultés pour approfondir en nous le lien avec notre Père céleste.

Si d'autres personnes reconnaissent nos facultés et en bénéficient, tant mieux, mais c'est une autre question, et ce n'est pas ce qui doit nous préoccuper. Nous, nous avons à nous développer dans l'équilibre et l'harmonie, afin de nous rapprocher de plus en plus de l'image du Créateur dont nous portons en nous l'empreinte. Car, à la vérité, les dons intellectuels ou artistiques qui ne servent pas à retrouver cette empreinte divine ne rendent pas nécessairement heureux ceux qui les possèdent.

Tous les matérialistes qui n'ont jamais rien fait pour rendre leur monde intérieur habitable, ne pensent qu'à aller se distraire à l'extérieur. Dès qu'ils se retrouvent seuls avec eux-mêmes, ils s'ennuient, c'est la misère. Le spiritualiste, au contraire, a si bien su ordonner, embellir son monde intérieur qu'il n'y manque rien : la poésie, les couleurs, la musique… Toute la beauté est là, et il souffre quand il est obligé de « sortir » et d'abandonner cette beauté.

Alors maintenant, réfléchissez… Combien de temps êtes-vous avec les autres ? Quelques minutes, quelques heures. Et combien de temps êtes-vous avec vous-même ? Sans cesse, jour et nuit. Eh bien, ne trouvez-vous pas qu'il est beaucoup plus important d'améliorer l'endroit dont vous ne sortez jamais ? Pourquoi laissez-vous votre espace intérieur délabré comme un taudis, une mansarde où les vitres sont cassées, où les araignées se promènent au plafond, où les souris s'en donnent à cœur joie ?

L'Archange Gabriel préside à l'hiver.

La graine mise en terre contient l'arbre en puissance. Personne ne pourrait y discerner où sont les racines, la tige, et encore moins les feuilles, les fleurs, les fruits, mais cependant ils vont bientôt faire leur apparition.

La graine est sous l'influence de l'archange Gabriel qui condense et solidifie les éléments. Elle est mise en terre au moment le plus sombre, le plus froid de l'année, et Gabriel lui transmet la mémoire, les gènes de l'hérédité qui maintiennent ses caractéristiques d'une génération à l'autre. Toutes les particularités et les vertus de la plante, il les introduit dans la graine et les condense dans ce volume minuscule qui contient son devenir en puissance. Et il agit de même avec les semences des animaux et des humains. Chaque génération conserve dans ses chromosomes tous ses caractères propres : la mémoire ne se perd pas.

L'Initiation est une victoire sur les quatre éléments : la terre, l'eau, l'air et le feu. Mais de nos jours l'Initiation ne se fait plus dans les temples, elle se fait dans la vie quotidienne, car les quatre éléments sont là, dans l'existence quotidienne, et c'est là que vous devez les affronter en montrant que vous avez vaincu la peur, la convoitise, l'égoïsme, la sensualité, etc. Souvent, vous échouez pour presque rien, parce que vous vous attendiez à de grandes épreuves : vous n'avez pas vu le petit problème qui se présentait à vous et vous avez trébuché.

Quand on est averti qu'on aura à affronter de grandes difficultés, on est mieux armé, plus résistant, parce qu'on sait à quoi s'attendre. Mais lorsqu'on est pris au dépourvu, on peut tomber au moindre obstacle. C'est donc à vous d'être toujours vigilant, éveillé, en sachant que n'importe quelle circonstance de la vie peut devenir pour vous une épreuve initiatique.

Le merveilleux est un besoin de l'âme humaine, et ce que l'on appelle l'irréel est en vérité tout à fait réel, plus réel que ce que nous avons l'habitude de considérer comme la réalité. Combien de personnes, si elles sont sincères, doivent reconnaître que les contes de fées les plongent, pour un moment au moins, dans une sorte de ravissement. Pourquoi ? Parce que tout y est non seulement vivant, mais animé et doué de parole : les rochers, les fleurs, les arbres, les animaux… Et les forces de la nature y agissent avec intelligence. Mais surtout, au-delà de la naïveté apparente de ces contes, sont décrites des réalités de notre vie intérieure.

Lorsque, dans certaines circonstances très particulières, le subtil, l'irréel, le féerique font irruption dans notre vie, nous nous sentons comme un arbre qui, arraché jadis à sa terre et transplanté quelque part dans un milieu hostile, retrouverait soudain sa forêt natale où il peut à nouveau s'enraciner et revivre.

La véritable évolution est une ascension continue. Mais au cours de cette ascension chacun passera fatalement par des hauts et des bas, des montées et des descentes ; il faut le savoir afin de ne pas perdre courage et de persévérer. Un jour, il y aura plus de montées que de descentes, et Dieu, comme un père aimant, pardonne à ses enfants qui reconnaissent leurs erreurs et sont décidés à les corriger.

Il est impossible de s'élever sans aucune défaillance. L'essentiel est d'avoir pris le chemin des hauteurs, celui de l'amour et de la sagesse qui conduit à la vérité. Que sur ce chemin il vous arrive de reculer, ce n'est pas si grave. L'essentiel, c'est que vous mainteniez la même orientation, que vous conserviez présent en vous le même but, le même idéal, que vous ayez toujours le regard fixé sur le sommet à atteindre.

Comme l'espace, le temps aussi a quatre points cardinaux qui sont, dans l'année, les deux équinoxes et les deux solstices.

Le 21 décembre, a lieu le solstice d'hiver auquel préside l'archange Gabriel. Et le 25 décembre, la fête de Noël célèbre une naissance, c'est-à-dire une concrétisation, une descente dans la matière. L'archange Gabriel dirige les forces qui ont la propriété de condenser la matière. C'est pourquoi dans l'Arbre séphirotique il est l'archange de Iésod, la région de la Lune. À la différence du Soleil, qui dilate, disperse, distribue, la Lune comprime, contracte, condense ; si elle n'en était pas empêchée par d'autres influences, elle pétrifierait toute vie chez les plantes, les animaux, les humains.

Les Initiés, qui sont instruits de cette science, tâchent d'utiliser cette période du solstice d'hiver pour concrétiser leurs idées, leurs projets, car c'est le moment où une naissance a lieu sur la terre. Les autres fêtes cardinales correspondent à d'autres processus : Pâques à une résurrection, la Saint-Jean à un embrasement, la Saint-Michel à un dépouillement. La fête de Noël est, elle, liée à une incarnation, et c'est pourquoi la tradition a situé en hiver la naissance du Christ en la personne de Jésus.

Pendant les neuf mois qu'il passe dans le sein de sa mère, l'enfant est rattaché à elle par le cordon ombilical, et il mène donc une vie de dépendance, c'est sa mère qui respire pour lui, qui mange pour lui. De la même façon, tant que nous ne sommes pas nés dans le plan spirituel – ce que la tradition chrétienne appelle la deuxième naissance – ce sont d'autres êtres qui mangent et respirent à notre place, qui pensent à notre place.

L'homme sort du sein de sa mère, mais il vit toujours dans le sein d'une autre mère : la nature. Un jour il devra couper aussi ce cordon ombilical pour devenir indépendant. En réalité, même à ce moment-là il n'aura pas encore tout à fait gagné son indépendance, il y aura d'autres cordons à couper… Jusqu'au jour où il deviendra libre comme le Seigneur. Mais ce jour est encore bien loin, et d'ici là, il doit rester lié à sa mère nature. Même s'il atteint des régions supérieures, ce sera toujours la nature, et il aura toujours des cordons à couper.

Quand nous avons besoin de nous fondre dans l'Âme universelle, nous contemplons l'immensité de la mer ou nous regardons la multitude des étoiles dans le ciel infini. Mais si nous restions dans cet état de dilatation, de dispersion, nous ne réaliserions rien sur la terre ; pour agir, il faut utiliser la loi de la condensation, de la concentration. Nous avons besoin des grands espaces du ciel ou de la mer pour nous dilater, et puis besoin d'un tout petit espace pour nous concentrer et recueillir des forces.

Concentration et dispersion correspondent à deux signes astrologiques : le Capricorne et le Lion. Le Lion est un signe extériorisant : il projette, il dépense. Le Capricorne, au contraire, est un signe intériorisant : il accumule et condense. Sous son influence, entre les mois de décembre et janvier, la terre concentre les énergies dans les racines des arbres afin de préparer l'explosion des mois de juillet et août : l'abondance de fruits sous l'influence du Lion.

Même s'ils savent très bien ce que c'est, les humains n'en finiront jamais de s'intéresser à l'amour. Pourquoi ? Parce que ce n'est pas le côté intellectuel qui compte là : même s'ils connaissent tout de l'amour, cette connaissance ne peut pas leur suffire. Seul importe le sentiment, c'est pourquoi le besoin d'éprouver l'amour est infini. Vous pouvez tout savoir sur l'amour sans jamais vous lasser de le ressentir. Il est possible que tous les autres sujets finissent un jour par vous ennuyer, l'amour est le seul qui fasse exception.

Prenez n'importe quel autre sujet dans la vie : dès que vous le connaissez bien, c'est fini, vous n'allez pas vous en occuper éternellement ; vous l'avez étudié, vous le laissez de côté. Mais l'amour, vous continuerez éternellement à vous y intéresser, parce que ce n'est pas l'affaire de l'intellect : que vous le connaissiez ou non, vous avez besoin d'aimer et d'être aimé. Voilà ce qui rend l'amour éternel.

Apprenez à créer chaque jour une image idéale de vous-même, car cette image vous aidera dans votre travail spirituel. Mais évidemment vous ne devez pas pour autant vous figurer que vous êtes déjà une perfection, ni surtout vouloir que les autres vous considèrent comme tel, sinon vous allez vous attirer leurs moqueries et leur hostilité. Ils diront : « Mais celui-là, pour qui se prend-il ? Il devient fou ! » Et on ne pourra pas tout à fait leur donner tort.

Donc, quel que soit le travail intérieur que vous avez entrepris, continuez à vous comporter envers les autres avec simplicité et naturel. Imaginez que vous êtes sage, lumineux, rayonnant, que vous accomplissez la volonté de Dieu, que vous arrivez à vous retrouver tel que vous étiez dans le passé lointain, dans l'innocence et la splendeur du Paradis, et tel que vous devrez être de nouveau dans l'avenir : parfait. Mais, en même temps, souvenez-vous que ce n'est pas encore arrivé !

Deux personnes se rencontrent : « Ça va ? – Ça va ! » et si elles se connaissent assez bien, elles s'embrassent, par habitude, machinalement. Puis elles se quittent car elles sont pressées, et déjà elles ne se souviennent même plus si elles se sont embrassées. Elles ne trouvent rien d'anormal à faire tout en vitesse, inconsciemment, même s'embrasser, et elles s'étonnent ensuite que les relations avec ceux qu'elles appellent pourtant leurs amis ne leur apportent pas grand-chose.

Vous rencontrez quelqu'un. D'abord, il n'est pas tellement nécessaire que vous vous embrassiez. Mais si vous le faites, et même aussi si vous ne le faites pas, pendant au moins quelques secondes, mettez votre pensée, votre âme dans cette rencontre et il en restera un goût, un parfum qui vous suivra longtemps encore.

Dans quelques heures ce sera la nouvelle année, et demain, en parlant d'aujourd'hui, vous direz déjà : l'année passée. Jusqu'à vingt-trois heures cinquante-neuf minutes, cinquante-neuf secondes, ce sera encore « cette année », et à minuit sonnant commencera l'année nouvelle. Une seconde, une seule seconde, sépare une année de l'autre ! Mais voilà, il faut arriver jusqu'à cette dernière seconde. Il faut parcourir tous les jours d'une année les uns après les autres pour arriver à cette dernière seconde.

Eh bien, sachez que c'est ainsi que se fait la transformation spirituelle de l'homme. En un instant il est entièrement renouvelé, régénéré. Mais avant d'arriver à cet ultime instant, il aura fallu des siècles et des siècles d'efforts. De même que pour l'année passée, on dira de la période qui a précédé cet instant de la régénération : « c'était la vieille vie » ; et de même que pour la nouvelle année, on dira de la période qui s'ouvrira alors : « voilà la vie nouvelle ». Combien de temps devra-t-on attendre pour arriver à cette ultime seconde ? Ne vous en inquiétez pas, elle viendra pour chacun. Alors, soyez patient, il faut savoir attendre. Mais en travaillant.

Note :

L'Arbre de Vie est un schéma symbolique qui résume toute la Science initiatique, les doctrines de tous les Initiés. On peut le comparer à une graine, à une semence : plantez-la, elle fera apparaître devant vous toute la création avec la multitude des créatures. Ce schéma peut devenir un instrument magique, un pantacle parmi les plus puissants. Tout est là, tous les principes, tous les éléments, tous les facteurs avec lesquels le Seigneur a créé le monde.

Vous avez là un système qui vous aidera à ne pas vous disperser dans votre travail spirituel. Si vous travaillez des années sur ce tableau, vous introduisez en vous-même un ordre, un équilibre ; tout en vous devient organisé, harmonisé. Dès que vous avez un peu de temps, arrêtez-vous sur l'Arbre de Vie, choisissez une séphira, concentrez-vous sur elle et cherchez à développer les qualités ou les énergies qu'elle contient. Que vous ayez besoin de lumière, d'amour, que vous ayez besoin de force, de protection, de générosité, de justice ou de vie... adressez-vous à l'Arbre de Vie : il est là à la disposition des fils et des filles de Dieu qui ont besoin de se nourrir de la vie divine.

Omraam Mikhaël Aïvanhov

LES FRUITS DE L'ARBRE DE VIE
Tome 32 – Œuvres Complètes

Arbre séphirotique

1 Ehiéh
Kéther – *la Couronne*
Métatron
Hayoth haKodesch – *les Séraphins*
Reschith haGalgali – *les premiers tourbillons (Neptune)*
♆

3 Jéhovah
Binah – *l'Intelligence*
Tsaphkiel
Aralim – *les Trônes*
Chabtaï – *Saturne*
♄

2 Iah
Hohmah – *la Sagesse*
Raziel
Ophanim – *les Chérubins*
Mazaloth – *le Zodiaque (Uranus)*
♅

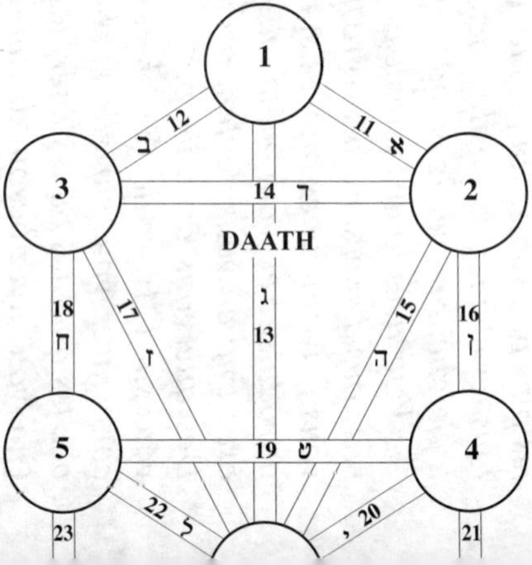

5 Elohim Guibor
Guébourah – *la Force*
Kamaël
Séraphim – *les Puissances*
Madim – *Mars*
♂

4 El
Hessed – *la Grâce*
Tsadkiel
Haschmalim – *les Dominations*
Tsédek – *Jupiter*
♃

8 Elohim Tsébaoth
Hod – *la Gloire*
Raphaël
Bneï-Elohim – *les Archanges*
Kohave – *Mercure*
☿

9 Chadaï-El-Haï
Iésod – *le Fondement*
Gabriel
Kéroubim – *les Anges*
Lévana – *Lune*
☽

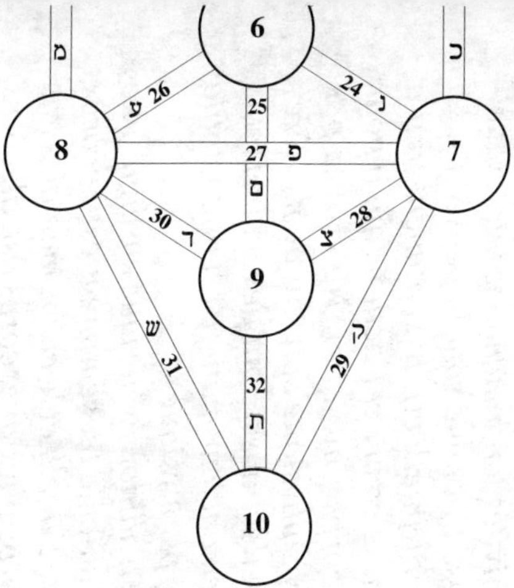

7 Jéhovah Tsébaoth
Netsah – *la Victoire*
Haniel
Elohim – *les Principautés*
Noga – *Vénus*
♀

6 Eloha vaDaath
Tiphéreth – *la Beauté*
Mikhaël
Malahim – *les Vertus*
Chémesch – *Soleil*
☉

10 Adonaï-Méleh
Malhouth – *le Royaume*
Sandalfon
Ischim – *les Hommes parfaits*
Olam Iésodoth – *Terre*
♁

Note : Sans rejeter la division corps – âme – esprit adoptée traditionnellement en Occident, Omraam Mikhaël Aïvanhov a surtout utilisé la division en six – ou sept – corps, inspirée de la philosophie hindoue. (Le corps éthérique, souvent mentionné, fait partie du corps physique. Voir à ce sujet le chapitre VI de « La vie psychique : éléments et structures »).

Les trois activités fondamentales par lesquelles se caractérise l'homme sont la pensée (qui a pour instrument l'intellect), le sentiment (qui a pour instrument le cœur) et l'action (qui a pour instrument le corps physique). Ne croyez pas que seul le corps physique soit fait de matière : le cœur et l'intellect aussi sont des instruments matériels, seulement leur matière est plus subtile que celle du corps physique.

Une longue tradition ésotérique enseigne que le support, le véhicule du sentiment est le corps astral et celui de l'intellect le corps mental. Mais cette trinité : corps physique, corps astral, corps mental constitue notre nature humaine imparfaite. Ces mêmes facultés de la pensée, du sentiment et de l'action se retrouvent en nous à un niveau supérieur, et là, leurs véhicules sont les corps causal, bouddhique et atmique qui forment notre Moi divin. Les trois grands cercles concentriques indiquent les relations qui existent entre les corps inférieurs et supérieurs.

NATURE SUPÉRIEURE

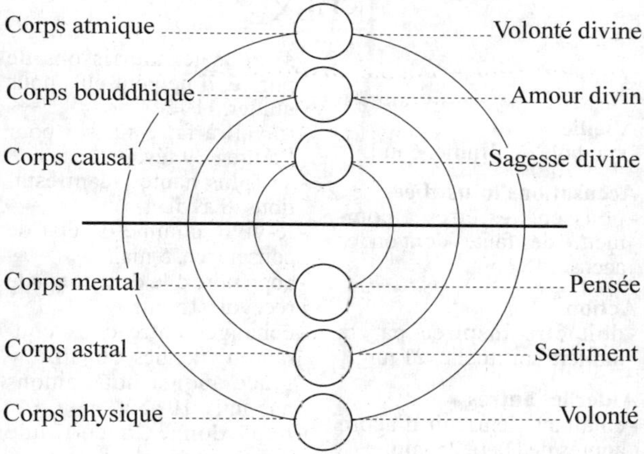

NATURE INFÉRIEURE

Le corps physique qui représente la force, la volonté, la puissance dans le plan matériel est lié au corps atmique qui représente la force, la puissance et la volonté divines.

Le corps astral qui représente les sentiments et les désirs égoïstes et personnels, est lié au corps bouddhique qui représente l'amour divin.

Le corps mental qui représente les pensées ordinaires et intéressées est lié au corps causal qui représente la sagesse divine.

Omraam Mikhaël Aïvanhov

« La vie psychique : éléments et structures » – *N° 222, chap. III, Collection Izvor.*

INDEX

D

F

G

H

T

Du même auteur :

Collection des « Œuvres Complètes »

Tome 1 – La deuxième naissance – *Amour, Sagesse, Vérité*
Tome 2 – L'alchimie spirituelle
Tome 3 – Les deux arbres du Paradis
Tome 4 – Le grain de sénevé
Tome 5 – Les puissances de la vie
Tome 6 – L'harmonie
Tome 7 – Les mystères de Iésod, – *les fondements de la vie spirituelle*
Tome 8 – Langage symbolique, langage de la nature
Tome 9 – « Au commencement était le Verbe »
commentaires des Évangiles
Tome 10 – Les splendeurs de Tiphéreth,
le soleil dans la pratique spirituelle
Tome 11 – La clef essentielle
pour résoudre les problèmes de l'existence
Tome 12 – Les lois de la morale cosmique
Tome 13 – La nouvelle terre
Méthodes, exercices, formules, prières
Tome 14 – L'amour et la sexualité *
Tome 15 – L'amour et la sexualité **
Tome 16 – Hrani Yoga
Le sens alchimique et magique de la nutrition
Tome 17 – « Connais-toi, toi-même » Jnani yoga *
Tome 18 – « Connais-toi, toi-même » Jnani yoga **
Tome 19 – Zémia, *la terre – Une pensée pour chaque jour*
Tome 20 – Voda, *l'eau – Une pensée pour chaque jour*
Tome 21 – Veuzdouh, *l'air – Une pensée pour chaque jour*
Tome 22 – Oguèn, *le feu – Une pensée pour chaque jour*
Tome 23 – La nouvelle religion : solaire et universelle *
Tome 24 – La nouvelle religion : solaire et universelle **
Tome 25 – Le Verseau et l'avènement de l'Âge d'Or *
Tome 26 – Le Verseau et l'avènement de l'Âge d'Or **
Tome 27 – La pédagogie initiatique *
Tome 28 – La pédagogie initiatique **
Tome 29 – La pédagogie initiatique ***
Tome 30 – Vie et travail à l'École divine *
Tome 31 – Vie et travail à l'École divine **
Tome 32 – Les fruits de l'Arbre de Vie – *La tradition kabbalistique*

Du même auteur :

Collection Izvor

200 – Hommage au Maître Peter Deunov
201 – Vers une civilisation solaire
202 – L'homme à la conquête de sa destinée
203 – Une éducation qui commence avant la naissance
204 – Le yoga de la nutrition
205 – La force sexuelle ou le Dragon ailé
206 – Une philosophie de l'Universel
207 – Qu'est-ce qu'un Maître spirituel ?
208 – L'égrégore de la Colombe ou le règne de la paix
209 – Noël et Pâques dans la tradition initiatique
210 – L'arbre de la connaissance du bien et du mal
211 – La liberté, victoire de l'esprit
212 – La lumière, esprit vivant
213 – Nature humaine et nature divine
214 – La galvanoplastie spirituelle et l'avenir de l'humanité
215 – Le véritable enseignement du Christ
216 – Les secrets du livre de la nature
217 – Nouvelle lumière sur les Évangiles
218 – Le langage des figures géométriques
219 – Centres et corps subtils – *Aura, plexus solaire, centre Hara...*
220 – Le zodiaque, clé de l'homme et de l'univers
221 – Le travail alchimique ou la quête de la perfection
222 – La vie psychique : éléments et structures
223 – Création artistique et création spirituelle
224 – Puissances de la pensée
225 – Harmonie et santé
226 – Le Livre de la Magie divine
227 – Règles d'or pour la vie quotidienne
228 – Regards sur l'invisible
229 – La voie du silence
230 – Approche de la Cité céleste – *Commentaires de l'Apocalypse*
231 – Les semences du bonheur
232 – Les révélations du feu et de l'eau
233 – Un avenir pour la jeunesse
234 – La vérité, fruit de la sagesse et de l'amour
235 – « En esprit et en vérité »
236 – De l'homme à Dieu – *Séphiroth et hiérarchies angéliques*
237 – La Balance cosmique – *Le nombre 2*
238 – La foi qui transporte les montagnes
239 – L'amour plus grand que la foi
240 – Qu'est-ce qu'un fils de Dieu ?
241 – La pierre philosophale – *des Évangiles aux traités alchimiques*
242 – Aux sources inaltérables de la joie
243 – Le rire du sage
244 – Marchez tant que vous avez la lumière

Du même auteur :

Collection Sila - (Livres - CD)

S801 – Parole Solaire

S802 – Parole de Fraternité

S803 – Parole d'Espérance

Textes choisis, lus par l'auteur, et accompagnés de chants et musiques du Maître Peter Deunov.

DVD de conférence vidéo (improvisée)

DVD7001FR – La prière, les bienfaits de la collectivité
Conférence en français – *Sous-titrage en anglais, espagnol, français, allemand, italien, portugais, néerlandais, russe, roumain, norvégien, bulgare.*

Disques compacts (Conférences improvisées)

CD5001FR – Le sens cosmique, mystique et historique de Noël
CD5002FR – L'importance de l'ambiance
CD5003FR – La science de l'éducation
CD5004FR – La prière
CD5005FR – La loi de l'enregistrement
CD5006FR – La véritable vie spirituelle
CD5007FR – L'aura
CD5008FR – La mission de l'art
CD5009AN – The Seed *(en anglais)*
CD5010FR – Déterminisme et indéterminisme
CD5011FR – La vraie beauté
CD5012FR – Introduction à l'astrologie initiatique *(triple CD)*
CD5013FR – L'Éternel Printemps
CD5014FR – La méditation *(triple CD)*
CD5015FR – Messages et conférence
CD5016AN – The Role of the Mother during Gestation *(en anglais – double CD)*
CD5017FR – Le bonheur
CD5018FR – La réincarnation *(triple CD)*
CD5019FR – La science de l'unité
CD5020FR – Le monde des archétypes
CD5021FR – Les deux natures de l'être humain

Éditeur-Distributeur

Éditions Prosveta S.A. - Z.A. Le Capitou - B.P. 12
F - 83601 Fréjus CEDEX (France)
Tél. (33) 04 94 19 33 33 – Fax (33) 04 94 19 33 34
E-mail: international@prosveta.com
Site Internet: www.prosveta.com

Distributeurs

ALLEMAGNE
PROSVETA Verlag GmbH – Heerstrasse 55 – 78628 Rottweil
Tél. (49) 741-46551 – Fax. (49) 741-46552 – e-mail: prosveta7@aol.com

AUSTRALIE
PROSVETA Australia
P.O. Box 538 – Mittagong – N.S.W. 2575 Australia
Tél. (61) (0) 2 4855 0189 – Fax : (61) (0) 2 4872 2641
e-mail: prosveta.au@bigpond.com

AUTRICHE
HARMONIEQUELL VERSAND – Hof 37 – A- 5302 Henndorf am Wallersee
Tél. / Fax. (43) 6214 7413 – e-mail: info@prosveta.at

BELGIQUE & LUXEMBOURG
PROSVETA BENELUX – Beeldenmakersstraat 1 – B 8000 Brugge
Tél./Fax. (32)(0)50/61 69 10 – e-mail : prosveta@skynet.be
N.V. MAKLU Somersstraat 13-15 – B-2000 Antwerpen
Tél. (32) 3/231 29 00 – Fax (32) 3/233 26 59
S.D.L. CARAVELLE S.A. – rue du Pré aux Oies, 303 – 1130 Bruxelles
Tél. (32) 2 240 93 00 – Fax (32) 2 216 35 98
e-mail : info@sdlcaravelle.com

BULGARIE
SVETOGLED – Bd Saborny 16 A, appt 11 – 9000 Varna
e-mail: vassil100@abv.bg – Tél. / Fax. (359) 52 63 90 94

CANADA
PROSVETA Inc. – 3950, Albert Mines – Canton-de-Hatley (Qc), J0B 2C0
Tél. (819) 564-8212 – Fax. (819) 564-1823
in Canada, call toll free: 1-800-854-8212
e-mail: prosveta@prosveta-canada.com / www.prosveta-canada.com

CHYPRE
THE SOLAR CIVILISATIONBOOKSHOP – BOOKBINDING
73 D Kallipoleos Avenue – Lycavitos – P. O. Box 24947, 1355 – Nicosia
e-mail: cypapach@cytanet.com.cy – Tél. / Fax. 00357-22-377503

COLOMBIE
ASOCIACIÓN PROSVETA
Calle 146 Número 13 - 10, Apart. 404 Interior 2 – Cedritos – Bogotá, Colombia
Tel. (57-1) 6 14 53 85 – Fax. (57-1) 6 33 58 03 – Celular: (57) 311 8 10 25 42
e-mail: kalagiya@hotmail.com

CONGO
PROSVETA CONGO
29, Avenue de la Révolution – B.P. 768 – Pointe-Noire
Tél. : (242) 948156 / (242) 5531254 – Fax : (242) 948156
e-mail: prosvetacongo@yahoo.fr

CÔTE D'IVOIRE
Librairie Prosveta
25 rue Paul Langevin Zone 4C – 01 Abidjan
e-mail: prosvetafrique@yahoo.fr – Tél/Fax: (225) 21 25 42 11

ESPAGNE
ASOCIACIÓN PROSVETA ESPAÑOLA – C/ Ausias March n° 23 Ático
SP-08010 Barcelona – Tél. (34) (93) 412 31 85 – Fax. (34) (93) 318 89 01
e-mail: aprosveta@prosveta.es

ÉTATS-UNIS
PROSVETA US Dist.
26450 Ruether Ave #205 – Santa Clarita CA 91350
Tél. (661) 251-5412 – Fax. (661) 252-1751
e-mail: prosveta-usa@earthlink.net. / www.prosveta-usa.com

FRANCE – DOM TOM
Éditions Prosveta S.A. - B.P. 12 – F - 83601 Fréjus CEDEX (France)
Tél. (33) 04 94 19 33 33 – Fax (33) 04 94 19 33 34
e-mail: international@prosveta.com – www.prosveta.com

GRANDE-BRETAGNE – IRLANDE
PROSVETA – The Doves Nest, Duddleswell Uckfield
East Sussex TN 22 3JJ
Tél. (44) (01825) 712988 – Fax. (44) (01825)713386
e-mail: prosveta@pavilion.co.uk

HAÏTI
PROSVETA DÉPÔT HAÏTI – Angle rue Faustin 1er et rue Bois Patate #25 bis
6110 Port-au-Prince – Haïti
Tél. (509) 245 18 65 – Tél. (509) 464 80 88 – e-mail: rbaaudant@yahoo.com

ISRAËL
Zohar, P.B. 1046, Netanya 42110 – e-mail: zohar7@012.net.il

ITALIE
PROSVETA Coop. a r.l. – Casella Postale 55 – 06068 Tavernelle (PG)
Tél. (39) 075-835 84 98 – Fax (39) 075-835 97 12 – e-mail: prosveta@tin.it

LIBAN
PROSVETA LIBAN – P.O. Box 90-995
Jdeidet-el-Metn, Beirut – Tél. (03) 448560 – e-mail: prosveta_lb@terra.net.lb

NORVÈGE
PROSVETA NORDEN – Postboks 318, N-1502 Moss
Tél. (47) 69 26 51 40 – Fax. (47) 69 26 51 08 – e-mail: info@prosveta.no

PAYS-BAS
STICHTING PROSVETA NEDERLAND
Zeestraat 50 – 2042 LC Zandvoort
Tél. (31) 33 25 345 75 – Fax. (31) 33 25 803 20
e-mail: prosveta@worldonline.nl

PORTUGAL
EDIÇÕES PROSVETA
Rua Palmira, 66 r/c - C – 1170 - 287 Lisboa
Tel. / Fax (351) 213 540 764
e-mail: prosvetapt@hotmail.com

RÉPUBLIQUE TCHÈQUE
PROSVETA – Ant. Sovy 18 – Ceské Budejovice 370 05
Tél. / Fax. (420) 38-53 10 227 – e-mail: prosveta@iol.cz

ROUMANIE
ANTAR – Str. N. Constantinescu 10
Bloc 16A - sc A - Apt. 9 – Sector 1 – 71253 Bucarest
Tél. 004021-231 28 78 – Tél. / Fax. 004021-231 37 19
e-mail : prosveta_ro@yahoo.com
RUSSIE
EDITIONS PROSVETA
143 964 Moskovskaya oblast, g. Reutov – 4, post/box 4
Tél./ Fax. (095) 525 18 17 – Tél. (095) 795 70 74
e-mail: prosveta@online.ru
SUISSE
PROSVETA Société Coopérative
Ch. de la Céramone 2 – CH - 1808 Les Monts-de-Corsier
Tél. (41) 21 921 92 18 – Fax. (41) 21 922 92 04
e-mail: prosveta@bluewin.ch
VENEZUELA
PROSVETA VENEZUELA C. A. – Calle Madrid
Edificio La Trinidad – Las Mercedes – Caracas D.F.
Tél. (58) 414 134 75 34 – e-mail: prosvetavenezuela@gmail.com

Liste mise à jour le 04.05.07. Si vous ne pouvez joindre un de ces distributeurs, consultez le site internet www.prosveta.com

---

L'association Fraternité Blanche Universelle
a pour but l'étude et l'application de l'Enseignement
du Maître Omraam Mikhaël Aïvanhov édité et diffusé
par les Éditions Prosveta.
Pour tout renseignement sur l'Association et ses activités,
s'adresser au Secrétariat
de la Fraternité Blanche Universelle
2 rue du Belvédère de la Ronce
F - 92310 SÈVRES, FRANCE
Tel. (33) 01 45 34 08 85 – Fax (33) 01 46 23 09 26
E-mail: fbu@fbu.org – Site internet - www.fbu.org

Achevé d'imprimer en juin 2007
par GRAFICA VENETA S.p.A.
Via Padova, 2 – 35010 Trebaseleghe (PD) – Italy

Dépôt légal : juin 2007